Ana da Cigana Natasha

Ciganos passado espíritos do presente

PALLAS

RIO DE JANEIRO
Impresso no Brasil

Copyright © 2003
Ana da Cigana Natasha

Produção Editorial
Pallas Editora

Revisão
Beth Cobra
Maria do Rosário Marinho
José lorio de Moura

Capa
Anuska Design

Todos os direitos reservados à Pallas Editora e Distribuidora Ltda.
É vetada a reprodução por qualquer meio mecânico, eletrônico, xerográfico etc., sem a permissão por escrito da editora, de parte ou totalidade do material escrito.

CIP-BRASIL CATALOGAÇÃO-NA-FONTE.
SINDICATO NACIONAL DOS EDITORES DE LIVROS, RJ.

A55c	Ana da Cigana Natasha
1ª ed.	Ciganos do passado, espíritos do presente / Ana da Cigana
2ª reimp.	Natasha. — 1.ed. — Rio de Janeiro: Pallas, 2014.
	ISBN 978-85-347-0353-6
	1. Ciganos – Usos e costumes. 2. Espíritos. 3. Magia cigana. I. Título.
03-1453	CDD 133.3
	CDU 133.3

O papel de miolo é offset 75 g/m², e o de capa cartão 250 g/m².
Foi impresso na Edigraf, no Rio de Janeiro, em novembro de 2014.

Pallas Editora e Distribuidora Ltda.
Rua Frederico de Albuquerque, 56 – Higienópolis
CEP 21050-840 – Rio de janeiro – RJ
Tel./fax: (021) 2270-0186
www.pallaseditora.com.br
pallas@pallaseditora.com.br

Dedico este livro à minha bisavó, a cigana Katiana Natasha, que hoje é um espírito de muita luz.

É mais que justo que eu dedique a uma cigana do passado esta obra, que será lida no presente e preservará a tradição cigana no futuro..

Agradeço a Deus por ter colocado o espírito da minha bisavó em minha aura, para dar continuação ao grupo Natasha nesta Terra. Graças a isso, além de ter seu nome de família, pois chamo-me Ana Natasha, sou conhecida como Ana da Cigana Natasha.

Em homenagem a ela compus as três orações que apresento a seguir.

ORAÇÃO À PADROEIRA DOS CIGANOS

Santa Sara, és a luz que ilumina nossos caminhos, és a virgem.

Que aquele que tem no coração amor e fé encontre a solução dos seus problemas.

Santa Sara, que com tua força e sabedoria possamos alcançar os nossos objetivos.

Ilumina-me com teus poderes celestiais.

Que eu possa neste momento sentir a tua presença.

Que, com a força da natureza, com a força positiva dos espíritos ciganos, junto com Santa Sara, possamos concretizar os nossos objetivos.

Que, com a força do Sol, com a força da Lua, com a força do Fogo, com os poderes da mãe Terra nesta hora possamos sentir a tua presença abençoando a todos nós que necessitamos da tua ajuda.

ORAÇÃO DA CIGANA KATIANA NATASHA

Katiana Natasha, que a força da Lua cheia possa sempre ajudá-la a ser esse espírito cigano de muita luz que todos adoram.

Peço à senhora, junto à força do universo, que afaste todos os invejosos do nosso caminho.

Que a poesia de todas as estradas do mundo espiritual nos dê a paz.

Cigana Katiana Natasha, exemplo do amor universal, proteja-nos em todos os momentos das nossas vidas.

ORAÇÃO DAS FLORES PARA A BELA CIGANA KATIANA NATASHA

Pela força da natureza,
Pelos quatro pontos cardeais do planeta Terra,
Pela claridade do Sol e da Lua cheia,
Peço que me dê a vidência cristalina.
Que eu possa sempre falar a verdade, sem nunca mentir para um cliente.
Que Santa Sara, junto com a energia da cigana Katiana Natasha, possa dar-me a claridade pura da verdade.
Como a força do Sol,
Como a força da Lua cheia,
Como a força das estrelas,
Como a força das águas das cachoeiras,
Como a força da chuva,
Como a força do mar,
Como a força da água de um poço,
Como a força da terra,
Como a força do fogo,
Como a força do ar que respiramos,
Como a força da Natureza,
Com a radiação de luz do espírito da minha bisavó, a cigana Katiana Natasha, e a iluminação de Santa Sara.
Obrigada por tudo que me destes nessa vida terrena.

SUMÁRIO

Apresentação, 13

Primeira parte: Alguns costumes ciganos, 21

Capítulo 1: O casamento cigano, 23

Capítulo 2: No acampamento cigano não existe somente o nascimento, existe também a morte, 27

Capítulo 3: Culinária cigana, 30

Segunda parte: História das famílias ciganas, 37

Capítulo 4: Assim começou a família de Kazatimiro Natasha, 39

Capítulo 5: A família de Bergem e Gênova, 44

Capítulo 6: A família de Luan e Micaela, 65

Capítulo 7: A família de Nicolas e Sulamita, 77

Capítulo 8: A família de Natan e Nissa, 85

Capítulo 9: A família Brustevisk, 95

Capítulo 10: A família de Gonçalo e Florência, 111

Capítulo 11: A família de Assuero e Carminda, 117

Capítulo 12: A família do cigano Wladimir, 125

Capítulo 13: Mais alguns espíritos ciganos, 140

Terceira parte: Espíritos ciganos que regem nossa vida, 145

Capítulo 14: Áreas de ação dos espíritos ciganos, 147

Capítulo 15: Como descobrir os ciganos que regem sua vida, 160

Quarta parte: Epílogo, 163

Os ciganos do Terceiro Milênio, 165

Palavras Finais, 167

APRESENTAÇÃO

Quando os antigos ciganos viveram nesta Terra sofreram grandes perseguições. Muitas vezes tiveram seus caminhos fechados, foram caluniados, passaram por todos os tipos de situações ruins, mas tiveram forças e superaram todos os obstáculos da vida terrena. São um povo sofrido, mas vitorioso, que deixou sua energia positiva como herança. Hoje, seus espíritos vêm na aura das pessoas para aconselhá-las e ajudá-las a ultrapassar as dificuldades que surgem nas suas vidas.

Muitas pessoas têm dúvidas sobre como eram as roupas e os adereços desses ciganos vivos do passado que são, no presente, os espíritos ciganos. Pretendo, com esta obra, esclarecer essas indagações.

Este livro contém histórias verdadeiras, que me foram relatadas ao longo da vida – muitas pelas mulheres da minha família, em especial minha mãe e minha avó – e outras pelos espíritos que conheci. Conforme as escutei, eu as guardei na mente e escrevi. Conservei essas histórias porque sempre gostei de me aprofundar no conhecimento do passado do meu grupo. Isso não foi difícil, pois, segundo a tradição do povo, os ciganos mais velhos sempre ensinam suas doutrinas e seus rituais para os mais novos.

É claro que muitas histórias do meu povo se perderam no tempo. Existem muitos grupos ciganos que, infelizmente, só conservam a memória de uma época recente, imediatamente anterior à que eles estão vivendo; e muitos nem isso têm, pois os que hoje vivem não se interessam em saber quem foram os seus antepassados.

Caminhei por muitas estradas, mas nunca esqueci o que meus ancestrais deixaram para os meus parentes mais próximos e que, com o passar dos anos, estes deixaram para mim. Desde que vim morar no Brasil cuido dos espíritos ciganos como me foi ensinado pelos meus pais: jogo as cartas desenhadas com os antigos símbolos da minha família e os seixos rolados da Rússia, além de ministrar diversos cursos sobre temas ciganos. E, assim como recebi os ensinamento de meus ancestrais, eu os passo para meus descendentes, junto com as lembranças da família. É por isso que, seguindo a tradição da família, jogo as cartas como minha bisavó, revelando com elas o passado, o presente e o futuro das pessoas que me procuram. É por isso também que o antigo medalhão, que há tantas gerações é passado de mãe para filha na minha família, está hoje nas minhas mãos e passará um dia para as da minha filha Catiana Clarisse Natasha.

Todo o conteúdo dos meus livros – *Mistérios do povo cigano e Como descobrir e cuidar dos ciganos dos seus caminhos*, ambos da Editora Pallas, e este atual – é formado pelas histórias que escutei dos mais velhos e, principalmente, do meu "kaku" (ancião, sábio, mestre). A presente obra recorda o passado, olha o presente (pois muitos desses ciganos são hoje espíritos de luz) e deixa para o futuro uma contribuição para a literatura sobre os espíritos ciganos. Desfolhando suas páginas, vocês irão conhecer como se formaram várias famílias ciganas, quais eram os nomes e o aspecto físico de seus componentes, e como os espíritos ciganos influenciam a vida e a personalidade das pessoas.

Vamos viajar pelo passado e entrar na vida particular dessas pessoas que viveram com costumes tão diferentes dos não-ciganos, mas que são hoje tão estreitamente ligadas à vida espiritual de todos.

Voltemos à antiga estrada onde tudo teve o seu começo.

Ana da Cigana Natasha

A HISTÓRIA DE SANTA SARA

Existem várias histórias sobre Santa Sara. Esta é a que me foi contada quando ainda era menina.

Sara era a 10ª filha de um casal de religião igual à dos israelitas, mas era diferente das outras meninas da sua idade.

Gostava de abraçar as árvores e com elas conversar; tinha visões das coisas incomuns.

Quando tinha 14 anos teve uma visão e descobriu que teria de ajudar um povo que estava sendo perseguido.

Ela não sabia qual era esse povo, e o tempo passou.

Foi quando sua família decidiu correr o mundo, pois seu pai queria encontrar um lugar onde pudesse dar fartura para a sua família.

Foi nessas viagens que Sara conheceu os ciganos e a vidência veio mais forte. Ela compreendeu que teria de deixar sua família e acompanhar os ciganos, e era ela quem os ajudava a fugir das perseguições. Foi aí que passou a ser a protetora dos ciganos nas dificuldades, principalmente naquela época, quando eles eram perseguidos e levados à morte em lugares públicos.

Sara, com a sua habilidade e sendo muito religiosa, quase sempre achava uma brecha para os ciganos fugirem.

O tempo foi passando, até que ela chegou à Europa e ao sul da França. Em Camargue se tornou a rainha da terra e passou a ser uma sacerdotisa. Ali fez sua passagem para o mundo espiritual.

Quando os ciganos estavam em perigo, pediam ajuda a Sara, e sempre eram atendidos. O espírito de Sara os acompanhava, ajudando-os. Isso foi passando de geração a geração.

Foi erguida a igreja de Santa Sara no lugar em que ela viveu até sua morte, e é lá onde está o seu túmulo, em Saintes Maries de La Mer, em Camargue, região do sul da França.

Todos os anos, no começo de maio, começam as comemorações em louvor a Santa Sara, que terminam no dia 24 de maio, com a procissão e a festa na Paróquia de Santa Sara. Ela é considerada uma santa católica, mas não passou pelos processos de canonização.

Também era considerada na tradição européia medieval, no culto das virgens negras e protetoras das peregrinações.

Muitos ciganos que nasceram no Brasil e foram criados percorrendo terras brasileiras não sabiam de sua existência, pois nunca daqui saíram e os seus ancestrais não lhes passaram essa história.

Quase todos os ciganos que nasceram e foram criados no Brasil e nunca saíram desta pátria são devotos de Nossa Senhora Aparecida, pois esta é a santa padroeira do Brasil.

Eu sou devota de Santa Sara desde menina; já conheci várias imagens dela. Em cada país é representada em imagem com variados detalhes. Por exemplo, as pessoas pegam uma imagem de Nossa Senhora da Conceição, fazem uma adaptação e dizem que é Santa Sara. O mesmo se faz com Santa Sofia e outras; nem por isso a Santa deixa de atender pedidos, pois o que vale é a fé.

Cigana Ana Natasha

PRIMEIRA PARTE
ALGUNS COSTUMES CIGANOS

Capítulo 1
O CASAMENTO CIGANO

Entre os ciganos dos tempos antigos, os pais escolhiam o marido para a filha e a esposa para o filho. Essa prática é adotada até hoje por grupos mais tradicionais, que realizam o casamento de acordo com o velho ritual. Assim me contaram que foi o casamento de meus tataravós.

No dia do casamento, o acampamento cigano é arrumado para a grande festa. As carroças formam um círculo. Todas estão enfeitadas com fitas coloridas, flores da época e lenços finos coloridos.

A fogueira é acesa bem no meio do círculo de carroças. Em um canto é armada uma grande tenda e, dentro dela, é posta uma mesa coberta com uma toalha de linho branco bordada pelas mãos da mãe da noiva. Nessa mesa estão várias comidas, doces e o tradicional leitão assado com frutas por cima. Ao lado ficam pipas de onde o vinho sai borbulhando. O cheiro das castanhas assadas desperta o apetite em todos os presentes.

Dentro de uma das carroças a noiva ainda se apronta, enquanto os demais membros do grupo já estão preparados para o ritual do casamento. Os violinos começam a tocar as melodias que são tradição nesse grupo de ciganos. Todos estão felizes; algumas ciganas dançam ao redor da fogueira junto com seus maridos, relembrando o próprio casamento.

Em dado momento, os violinos começam a tocar uma antiga e suave melodia. A cortina da carroça se abre e de dentro sai a noiva, vestida com uma roupa rebordada com pedras coloridas. Na cabeça ela traz uma tiara de flores-do-campo; nas orelhas, grandes argolas de ouro; no pescoço, muitos colares de pedras coloridas; nos pulsos, pulseiras de ouro e, nos dedos das duas mãos, anéis de ouro com pedras preciosas.

Quando a Lua cheia aparece no céu para abençoar os noivos, derramando raios de luz sobre suas cabeças, os dois são levados até a fogueira: a noiva, pelas ciganas mais velhas; o noivo, pelos ciganos mais velhos. Lá são colocados um perto do outro.

O mais velho dentre todos os chefes dos grupos que estão na festa é convidado para fazer o casamento. Ele junta as mãos dos noivos e recita uma oração, que diz mais ou menos isso:

"– Que ao unir suas mãos, possa eu unir energia positiva para enfrentarem a vida juntos daqui para a frente."

A seguir, separa as mãos dos dois, pega um punhal de ouro e começa a falar umas palavras que, infelizmente, não podem ser traduzidas hoje, pois são ditas em uma língua arcaica. Enquanto isso, faz um corte de dois centímetros no pulso do noivo, outro corte igual no pulso da noiva e junta os dois cortes, para que os sangues se misturem. Volta, então, a fazer a oração da junção do sangue, amarrando no pulso de cada um deles um lenço vermelho e dizendo estas palavras:

"– Estão abençoados pelo próprio sangue de vocês."

Depois, o velho cigano pega um pão, que foi feito no dia anterior ao casamento pela mãe da noiva, e o corta em duas partes iguais. Coloca cada pedaço do pão na mão de um dos noivos, junta as mãos deles e volta a dizer a oração no seu dialeto arcaico.

Em seguida, retira as partes do pão juntas das mãos dos noivos, amarrando-as com um cipó do mato, levanta-se e diz:

"– Está aqui a junção do trigo, que representa a mulher e o homem. Que a noiva cigana tenha respeito ao seu marido, pois ele é o seu dono até a morte. Daqui para a frente és uma senhora e terás de dar obediência total ao teu marido e à família dele."

Continuando a cerimônia, é trazida uma bandeja dourada com uma taça grande de cristal, que o pai do noivo é obrigado a dar de presente ao casal para esse ritual do desapego chamado li quebrar o passado e começar o presente". Depois dele, a mulher é automaticamente propriedade da família do marido, irá morar junto com o grupo do seu marido e sua sogra ganha uma *bori* (nora); ela só poderá ver os seus familiares quando a família do marido permitir.

O casal de noivos bebe o vinho nessa taça; depois o noivo a quebra, jogando-a para trás deles.

A festa do casamento continua, todos dançam, comem e bebem, com muita alegria. Em certo momento, a *shuvani* (a mulher mais velha do grupo) ordena que os noivos vão para a sua carroça. Lá dentro vai começar o primeiro contato sexual do casal, após o qual será feita a prova da virgindade da noiva.

Passadas algumas horas, a *shuvani* vai buscar o lençol que forrou o tapete sobre o qual o casal praticou o ato sexual. Forma-se um círculo em volta da fogueira, que já está chegando ao fim, e a *shuvani* mostra a todos o lençol com o sangue da virgindade da noiva. Os pais da moça são cumprimentados e passam a ser mais respeitados no meio do seu povo, pois honraram a promessa que haviam feito de dar a sua filha para casar virgem.

A festa continua até a comida e a bebida acabarem. Depois de três dias, as carroças dos visitantes são levadas para a estrada e o acampamento volta à sua vida normal.

Depois do casamento, a esposa passa a fazer parte da família do marido e viaja com ela, deixando para trás seus pais e irmãos. Ela também passa a usar, a partir do dia do casamento, um lenço sobre os cabelos. Esse lenço é a marca das mulheres casadas, não sendo usado pelas ciganas solteiras.

Capítulo 2
NO ACAMPAMENTO CIGANO NÃO EXISTE SOMENTE O NASCIMENTO, EXISTE TAMBÉM A MORTE

De onde vêm os espíritos ciganos? Como é que eles se preparam para sua missão espiritual? Vou relatar agora como é o ritual com que os ciganos acompanham a morte, de modo a ajudar o espírito a tornar-se iluminado.

Esse episódio passou-se com um grupo de ciganos que estava na Galícia (região sul da Polônia).

Era verão na Europa. O dia fora quente, alegre e cheio de energia, mas à noite um ar fresco bailava no local onde o grupo de ciganos estava acampado. As tendas estavam armadas, formando um círculo, em cujo centro havia uma fogueira que clareava todo o acampamento.

Em uma tenda havia uma cigana doente. Lá fora, a música parecia pedir a Deus a sua cura, mas, em outra tenda, um grupo de ciganas fazia suas previsões. Elas verificaram que a mulher estava realmente muito doente e iria morrer; ela chegara ao fim da estrada da vida.

Logo começaram a preparar as comidas preferidas da enferma, enquanto o grupo de mulheres que estava com ela, avisado do que iria acontecer, começou a demonstrar satisfação para que o espírito deixasse a matéria alegremente, e não com tristeza. Os violinos começaram a tocar, para mostrar ao espírito o clima de festa constante que havia no acampamento cigano.

Quando chegou a notícia de que a cigana partira para o mundo espiritual, a mesa já estava pronta, com todas as comidas, doces e frutas que ela preferira enquanto viva. Enquanto a morta era preparada para o funeral, lá fora todos dançavam e participavam do banquete.

As mulheres que a haviam acompanhado lavaram seu corpo com água de uma fonte, à qual haviam misturado flores, ouro, prata, moedas antigas e atuais. Fizeram, assim, o ritual de purificação do corpo morto. Depois vestiram-na com a sua roupa preferida e colocaram uma coroa de flores-do-campo em sua cabeça. Tua face estava tranqüila, parecia estar dormindo.

Em um canto da tenda, uma cigana derramou uma lágrima, mas logo as outras mulheres começaram a conversar, falando das coisas bonitas de que a falecida participara: foi assim que elas começaram a mostrar ao espírito que ele estava bem purificado e brevemente começaria a sua nova etapa para voltar à Terra como um espírito de muita luz.

No dia seguinte, o corpo da cigana foi sepultado debaixo de uma macieira frondosa. Sobre a terra foi derramado vinho tinto, para que o espírito seguisse sua viagem satisfeito. As ciganas que estavam na tenda quando a falecida desencarnou, juntaram todos os seus pertences e os levaram para um riacho, onde jogaram flores de várias cores, frutas e perfumes, em um ritual de puro amor pelo espírito que se fora para o outro lado da vida. Ninguém estava triste, todos sentiam a esperança de que o espírito se libertasse totalmente da matéria e ficasse fortalecido para encontrar com Deus.

Assim terminaram as cerimônias do funeral; mas durante muito tempo ainda os membros do grupo cuidarão desse espírito. O ritual do banquete em sua homenagem será repetido até que se completem sete anos da sua desencarnação. Este é o chamado ritual do ciclo de sete anos para purificação total do espírito.

Mas serão precisos ainda muitos e muitos anos para que esse espírito encarne novamente ou se torne um espírito de muita luz que possa vir à Terra para ajudar os necessitados.

Capítulo 3
CULINÁRIA CIGANA

Quando uma pessoa está começando a aprender a cuidar dos espíritos ciganos, geralmente a primeira pergunta que faz é: o que devo dar como oferenda para eles? Como já expliquei em obras anteriores, geralmente esses espíritos recebem flores, frutas, pães, doces e bebidas, tudo arrumado, por exemplo, dentro de uma cesta enfeitada com fitas, lenços ou papéis nas cores preferidas de cada espírito.

Este capítulo apresenta algumas receitas tradicionais, trazidas pelos ciganos de algumas regiões onde as tribos viveram por muito tempo, como Espanha e Portugal. São doces e bebidas que podem ser oferecidos aos espíritos ciganos, mas também podem ser preparados para deleite dos viventes que desejem conhecer um pouco mais das suas tradições.

PAPO-DE-ANJO CIGANO

Ingredientes:

Meio cálice de vinho do Porto
1 ovo inteiro
Mais 12 gemas
3 xícaras de água
Manteiga para untar as forminhas

800 g de açúcar
8 cravos-da-Índia
Canela em pau

Modo de preparar:

Bata o ovo com as 12 gemas, muito bem batido. Unte forminhas de empada, despeje nelas o ovo batido e coloque para assar.

Prepare uma calda com o açúcar e a água. Deixe essa calda no fogo, em uma panela funda, até dar ponto, enquanto os doces assam.

Depois de prontos, retire os papos-de-anjo das forminhas.

Coloque na calda o vinho do Porto. Mantenha-a fervendo no fogo e vá jogando, um a um, os papos-de-anjo dentro dela, para que cozinhem mais um pouco.

Depois que retirar todos os doces da panela, acrescente na calda o cravo-da-Índia e a canela em pau, deixando ferver mais um pouco.

Coe a calda em uma peneira, leve-a de volta ao fogo e jogue dentro os papos-de-anjo por mais uns 5 minutos. Deixe esfriar e coloque em uma compoteira.

MÃE-BENTA CIGANA

Ingredientes:

200 g de manteiga
200 g de açúcar
5 ovos (gemas e claras separadas)
Mais 4 gemas
200 g de farinha de arroz

Meio coco ralado (150 g)
Açúcar cristal
Manteiga para untar as forminhas

Modo de preparar:

Bata a manteiga com o açúcar até que fique um creme liso e bem claro. Junte todas as nove gemas, uma a uma, batendo sempre entre uma e outra gema. A seguir, bata as claras em neve e junte-as à massa.

Por último, acrescente a farinha de arroz e o coco ralado (se quiser uma massa mais fina, pode colocar só leite do coco). Misture bem até formar uma massa homogênea.

Coloque em forminhas untadas e asse em forno quente. Quando tirar do forno, peneire por cima açúcar cristal.

BOLO DO SOL

Ingredientes:

1 coco
2 copos de água quente
15 espigas de milho verde
1 colher de sopa de maisena
Meia xícara de açúcar
1 pitada de sal
1 colher de sopa de manteiga para untar a fôrma

Modo de preparar:

Rale o coco e esprema seu leite, apertando o coco ralado num pano (guardanapo ou pano de prato). Este é o leite de coco puro.

Junte ao bagaço um copo de água quente e torne a espremer. Repita isso mais uma vez com o outro copo de água quente. Assim você terá o leite de coco ralo.

Rale o milho verde e misture com o leite ralo do coco.

Junte a maisena, o açúcar e o sal, e misture tudo muito bem.

Depois separe em duas partes o leite de coco puro; misture metade dele na massa. Junte a manteiga e volte a bater bem. Despeje a massa em uma fôrma untada e asse em forno quente.

Quando o bolo estiver quase pronto, derrame ou pincele o restante do leite de coco por cima e deixe terminar de assar.

Este bolo só pode ser retirado da fôrma depois de frio.

BOLACHINHAS CIGANAS

Ingredientes:

>150 g de manteiga
>1 e meia xícara de açúcar
>1 ovo inteiro
>Mais 2 gemas
>1 e meio copo de leite
>2 e meia xícaras de fubá fino passado na peneira
>2 xícaras de maisena peneirada
>1 pitada de sal
>Manteiga para untar as fôrmas

Modo de preparar:

Bata a manteiga com o açúcar até obter um creme liso e esbranquiçado; junte os ovos e as duas gemas, e bata mais um pouco.

Acrescente o leite, batendo sempre; coloque a maisena, o fubá e o sal, e volte a bater para ficar consistente.

Faça bolinhas de massa, achate-as com um garfo e arrume-as em tabuleiros untados. Asse em forno quente, até que corem um pouco.

SALADA CIGANA

Ingredientes:

1 mamão (400 g)
1 manga (500 g)
4 colheres de sopa de suco de limão
2 colheres de sopa de rum branco
3 colheres de chá de casca de limão ralada
1 colher de café de pimenta-do-reino branca em pó
50 g de castanha de caju
200 g de presunto em fatias finas
Meia xícara de creme de leite
2 colheres de sopa de iogurte natural

Modo de preparar:

Descasque a manga e corte no meio, no sentido vertical, retire o caroço e corte a polpa em fatias finas. Faça o mesmo com o mamão.

Arrume as frutas em círculo, em um prato de vidro grande redondo. Misture o suco de limão com o rum e respingue sobre as frutas. Depois misture a casca de limão ralada com a pimenta e polvilhe por cima.

Parta as castanhas de caju ao meio, na vertical, toste cuidadosamente em uma frigideira sem óleo e jogue por cima.

Arrume o presunto picadinho bem no meio de tudo. Misture o creme de leite sem soro com o iogurte e sal a gosto; coloque esta mistura sobre os pedacinhos de presunto.

PLANTER PUNCH CIGANO

Ingredientes:

   1/2 xícara de suco de laranja
   1/2 xícara de suco de maçã
   4 colheres de sopa de rum branco
   1 colher de sopa de xarope de groselha
   Pedaços de maçã para enfeitar

Modo de preparar:

Misture todos os ingredientes líquidos em um copo de vidro alto (tipo *long drink*). Enfeite com pedaços de maçã.

MOJITO CIGANO

Ingredientes:

   2/3 de xícara de rum escuro
   Suco de laranja
   2 colheres de sopa de hortelã miúda picadinha

Modo de preparar:

Coloque o rum em um copo de vidro alto. Acrescente a hortelã picadinha e o suco de laranja. Enfeite com um galhinho inteiro da hortelã.

CHÁ NATASHA

Ingredientes:

3 rodelas de laranja
3 colheres de sopa de rum claro
1 xícara de chá preto frio

Modo de preparar:

Em um copo de vidro alto, coloque duas das rodelas de laranja, o chá e o rum. Soque com um pilão e enfeite com a outra rodela de laranja.

SEGUNDA PARTE
HISTÓRIA DAS FAMÍLIAS CIGANAS

Capítulo 4
ASSIM COMEÇOU A FAMÍLIA DE KAZATIMIRO NATASHA

Todos os seres humanos têm a sua árvore genealógica; eu também tenho a minha, e dela muito me orgulho. Vou contar aqui o que sei sobre a minha família, desde o tempo de meu tataravô Kazatimiro Natasha.

Kazatimiro casou-se com a cigana Neskemenia no dia 8 de janeiro de 1873, seguindo a tradição e o ritual ciganos. Assim eles formaram mais uma família do grupo Natasha, que na época vivia na Rússia. Nove meses depois do casamento, nasceram as primeiras filhas do casal, duas gêmeas, às quais Neskemenia chamou de Katiana Natasha e Wulfrida Natasha.

O tempo passou. Conforme crescia, Katiana tornava-se a jóia preciosa daquele grupo cigano. Na fogueira sagrada ela se transformava em puro poder. Ao dançar descalça, seus pés pareciam flutuar no ar e seu corpo parecia ter asas. Seu rosto corado tinha um ar de satisfação e êxtase; seus lábios sorriam entreabertos como se estivessem recitando uma oração. Seus cabelos negros moviam-se soltos sobre os ombros. Era assim que Katiana Natasha mostrava a volúpia da música tradicional do seu povo.

No dia 29 de agosto de 1885, Katiana Natasha, que tinha então doze anos de idade, casou-se com o cigano Nicolas. Depois de nove meses Katiana deu à luz uma linda menina. Quando a viu, disse: "Minha filha parece uma flor bela!" Por isso colocou-lhe o nome de Florisbela.

No dia 29 de agosto de 1886, quando tinha treze anos de idade, Katiana fez a passagem para o mundo espiritual, deixando sua filha com três meses de vida.

O tempo passou e Florisbela cresceu. No dia 22 de julho de 1903, ela casou-se com o cigano Randun, com quem teve oito filhos. Quando o primeiro nasceu, ela estava com 18 anos e, ao nascer a última, estava com 38. Esta mais nova, chamada Wlavira, nasceu no dia 22 de julho de 1923.

Wlavira casou-se com o cigano Mashelon no dia 22 de julho de 1937. Ela teve dificuldades para engravidar; só com 18 anos, em 1941, teve o seu primeiro filho, que se chamou Estefânio.

Kazatimiro, Neskemenia, Katiana, Wulfrida e Nicolas já tinham passado para o mundo espiritual quando Florisbela e Randun, junto com a família de Mashelon, migraram com seu grupo pelo mundo. O espírito de Katiana Natasha migrou com eles, ajudando e protegendo a todos.

O grupo entrou no Brasil no mês de dezembro de 1943. Wlavira e Mashelon partiram com o filho Estefânio e chegaram com mais uma menina, que tinha nascido na viagem e que entrou no Brasil em uma cesta de vime: eu sou essa menina.

Meus pais ficaram no Brasil até julho de 1949, quando foram obrigados a sair do país, pois seus documentos não estavam legais. Nessa época eu estava muito doente e não tinha certidão de nascimento; por isso, tive de ficar no Brasil, sob os cuidados de uma amiga deles, a senhora Doca, que morava em Recife, Pernambuco. Ali fiquei até meus familiares voltarem.

Em 1957 meus pais vieram ao Brasil e foram me encontrar. Como eu já estava com os meus documentos em ordem, fui com eles para a Europa. Embora tivesse nascido em viagem, fui registrada como cidadã brasileira. Por isso, voltei ao Brasil em 1967 e aqui fixei residência.

KATIANA NATASHA

Katiana era morena-clara, com olhos castanhos, e cabelos negros que iam até a cintura.

Suas roupas

A roupa preferida de Katiana Natasha era um vestido longo, com saia rodada, vermelho e rebordado com pedras amarelas e fios dourados. A blusa tinha mangas largas, que iam até os cotovelos, e um decote redondo que mostrava um pouco a silhueta dos seios. O cinto era dourado e rebordado com pedras vermelhas.

Ela usava amarrado na cabeça um lenço vermelho comprido, que ia até abaixo da cintura. Nos dias de festa colocava uma tiara de flores amarelas por cima desse lenço, parecendo estar com uma coroa.

Embora gostasse muito de violetas, Katiana nunca usou roupas com a cor lilás do pescoço para baixo, pois dizia que essa cor é da intuição, devendo, por isso, ser usada somente na cabeça.

Seus adereços

Katiana costumava usar argolas de ouro nas orelhas e, no pescoço, um colar de três voltas feito de pedras coloridas, tendo como pingente um medalhão de ouro com uma imagem antiga do seu povo. Esse medalhão foi presenteado à sua avó pela sogra no dia do seu casamento, e vem passando de geração em geração, tendo-se tornado uma tradição do grupo Natasha.

Usava muitas pulseiras de ouro com pedras coloridas, moedas antigas e pingentes de ouro em forma de sol, lua e estrela. Nos dedos usava vários anéis no estilo das pulseiras; suas pedras preferidas eram o rubi, o topázio imperial (amarelo) e a ametista.

Sua magia

A fase da Lua da sua preferência era a cheia.

Katiana Natasha tinha um baralho com símbolos próprios de seu clã, mas não joga com ele. Ela diz que a matéria (ou seja, as pessoas, mesmo que sejam videntes) é que precisa das cartas para saber o passado, presente e futuro; os espíritos ciganos não precisam de objetos para revelar isso às pessoas.

Em seus rituais de magia deve haver sempre uma estrela de cinco pontas. Ela explicou que essa estrela simboliza o corpo humano: a cabeça é uma das pontas; duas outras pontas são os braços com as mãos; e as outras duas simbolizam as pernas e os pés.

Katiana realizava um ritual marcante em dias de festa. Quando chegava, ia direto à fogueira, fazia uma oração no dialeto cigano antigo e colocava as mãos dentro do fogo. Apanhava algumas brasas e repetia a oração que fazia ao chegar. Ela dizia que isso servia para a purificação do ambiente. Depois todos começavam a dançar em volta da fogueira.

Katiana Natasha tem um mistério com o Sol e o vento. Quando perguntamos o porquê desse mistério, ela diz:

"– A energia do Sol é que ativa a presença dos espíritos ciganos na Terra; e o som dos ventos nas vegetações é que transmite as mensagens desses espíritos para a Terra."

As cores preferidas de Katiana Natasha são a vermelha e a amarelo-ouro, as que devem ser sempre usadas nas velas postas em suas oferendas, que ela só recebe debaixo de árvores frondosas.

Suas frutas prediletas são: maçã vermelha, uva rosada, tâmaras e damascos. Seu perfume preferido é o aroma de canela, com o qual é feito o seu incenso. Sua flor favorita é a violeta: Katiana sempre dizia que o seu perfume espanta os invejosos dos nossos caminhos.

Capítulo 5
A FAMÍLIA DE BERGEM E GÊNOVA

No dia 24 de maio de 1577, o velho cigano Bergem casou-se com a jovem cigana Gênova, formando, assim, mais uma família cigana. No dia 28 de maio de 1578 nasceu a primeira filha do casal, que levou o nome de Huélva. O casal era muito feliz com a sua pequena filha.

Algum tempo depois, Gênova engravidou novamente e, no dia 24 de junho de 1580, para completar a felicidade do casal, nasceu um menino, no qual Gênova colocou o nome de Ramires. Assim se completou o grupo familiar de Bergem e Gênova, formado por quatro pessoas. Bergem era muito mais velho do que sua esposa, mas eles eram um exemplo de felicidade e amor.

Quando Ramires estava com quatro anos, no ano de 1584, sua família ia para Madri e, no meio da viagem, o tempo mudou e caiu uma forte tempestade. As carroças do comboio deslizavam na estrada cheia de lama e poças d'água; a escuridão era imensa.

Em dado momento, todos escutaram um barulho muito forte: uma das carroças tinha virado. Era um quadro desesperador. O velho cigano Bergem, sua jovem esposa Gênova, sua filha Huélva, de apenas seis anos, e seu filho Ramires, de apenas quatro anos de idade, estavam debaixo da carroça.

O cigano Pedrovik, irmão de Bergem e chefe do grupo, veio logo socorrer o irmão e sua família; mas, infelizmente, não pôde fazer mais nada, além de desvirar a carroça e colocar dentro dela os corpos do irmão, da cunhada e da sobrinha. Só o sobrinho estava vivo, sem nenhum arranhão no corpinho.

Pedrovik tomou conta do pequeno Ramires que, daquele dia em diante, tornou-se uma criança diferente. Ele ficava sempre isolado, vivia só, seu comportamento era bem distinto do dos outros meninos do grupo.

O tempo foi passando. Ramires tornou-se homem feito. Mas era de poucas palavras, seu comportamento continuava estranho, não mudara nada desde o tempo de criança, quando ficava isolado de todos.

Certo dia, seu tio Pedrovik chamou-o na tenda e disse:

"– Vamos conversar, meu filho. Já és um homem; eu decidi que irás casar com a minha protegida Zanair, neta da falecida Zaira."

Ramires não teve escolha e assim foi concretizado o casamento, no dia 8 de abril de 1610, quando era plena primavera em Madri.

O casamento, realizado por Pedrovik, seguiu o ritual tradicional. Zanair estava belíssima com uma túnica rebordada de pedras reluzentes, a saia muito rodada que reluzia com os reflexos da fogueira, e uma coroa de flores naturais em tons claros na cabeça.

Depois de realizado o ritual de união dos dois, Pedrovik deu ao casal dois potes cheios de grãos, para que nunca faltasse alimento na sua tenda. Em seguida, Zimbia Taram, uma cigana idosa do grupo, cortou um fio de cabelo de Ramires e outro de Zanair; colocou-os dentro de um copo de cristal junto com fios de crina de cavalo e de égua e outros objetos; e fez a magia do amor para que sempre houvesse sexo entre o casal, e para que eles tivessem muitos filhos.

Passados nove meses do casamento, Zanair deu à luz um lindo menino, a quem deu o nome de Izalon; e de ano em ano ela dava à luz mais um filho. Ela teve ao todo nove filhos, três meninos e seis meninas, que nasceram na seguinte ordem: Izalon, Pogiana, Tarim, Tainara, Tamíris, Diego, Thaís, Lemiza e Talita.

O fundo do coração de Ramires sempre foi um mistério. Ele teve de se adaptar à vida de família, superando muitos traumas da infância; entretanto, a seu modo, foi um esposo carinhoso. Foi também um ótimo pai, e criou seus filhos com muito amor e carinho.

Os membros dessa família desceram pela primeira vez à Terra como espíritos no ano de 1910.

BERGEM

Esse velho cigano tinha cabelos, bigode e costeletas grisalhos.

Suas roupas

Seu traje preferido era calça azulão e blusão branco de mangas compridas, fechadas por abotoaduras de ouro com uma minúscula esmeralda. Por cima da camisa, vestia um colete de couro. Ele não usava faixa na cintura, mas um cinturão de couro, no qual prendia o seu punhal com cabo de chifre de búfalo. Bergem não dispensava um chapéu azulão, enfeitado com uma pena de cisne branco.

Seus adereços

Usava no pescoço um cordão de ouro com uma estrela de seis pontas, também de ouro, pendurada. No dedo anular da mão esquerda usava um anel do tipo chamado chuveiro de ouro (que tem muitos diamantes miúdos dispostos como um chuveiro).

Sua magia

Não usava dados, moedas nem cartas para fazer adivinhações, mas trabalhava com as muitas ervas que conhecia. Cabia a ele fazer os remédios para o seu grupo: ele manuseava folhas, flores e frutos do mato, retirava os seus sumos e dava para os doentes.

Bergem não tinha preferência por alguma fase da Lua. Ele sempre falou que não existe hora para a doença chegar, mas sempre há hora para expulsá-la do corpo.

GÊNOVA

Era uma cigana morena-clara, de cabelos negros e olhos castanhos. Ela usava os longos cabelos presos em uma trança que ia até a cintura, e a enfeitava pendurando na ponta várias fitas finas coloridas.

Suas roupas

A roupa preferida de Gênova era blusa branca com decote em V e mangas bufantes, tendo por cima um colete de veludo azul-turquesa, rebordado com pedras em tons claros e fechado na frente com um cadarço branco transpassado. Na cintura usava como cinto uma faixa rebordada igual ao colete. Sua saia era estampada, com predominância do azul-turquesa. Bem rodada, a saia ia até os tornozelos, tendo a barra recortada em bicos pontiagudos.

Seus adereços

Usava argolas de ouro nas orelhas e, no pescoço, vários colares de pedras em diversas cores. No dedo anular da mão esquerda trazia um anel de ouro com uma grande turquesa e, no dedo mínimo dessa mesma mão, um anel de ouro em forma de flor tendo no meio um diamante. No pulso direito usava várias pulseiras de ouro em forma de argolas. No alto da cabeça punha uma coroa de flores coloridas em tons claros (exceto amarelo).

Sua magia

Gênova não dispensava um saquinho dourado no qual trazia suas cartas decoradas com os símbolos do seu clã. Dentro desse saquinho ela guardava também uma rosa de ouro e uma moeda antiga.

Hoje, quando chega à Terra, ela sempre diz estas palavras:

> *"Sou cigana pastoreira do passado,*
> *hoje espírito do presente rico de amor.*
> *Sou a cigana Gênova.*
> *Vivo no infinito azul-celeste de onde trago mensa-*
>   *gem para o povo da Terra.*

*O azul é a paz,
O azul é a tranqüilidade.
O azul é a esperança para este povo sofrido que
se chama Terra."*

A fase da Lua em que a cigana Gênova mais gostava de fazer suas magias era a nova.

HUÉLVA

Era uma ciganinha morena-clara, de olhos negros e cabelos pretos compridos, que iam até a cintura.

Suas roupas

Sua roupa preferida era blusa branca igual à da mãe; mas não usava colete, e sim um avental amarrado no pescoço e na cintura. Esse avental era azul-turquesa e tinha um grande bolso bem no meio do peito, cercado com uma renda branca grossa, igual à que havia na bainha. A saia era rodada e estampada, predominando o azul-turquesa.

Seus adereços

Huélva trazia nas orelhas pequenos brincos de ouro com um rubi pendurado. No pescoço usava um cordão de ouro com uma minúscula figa pendurada; no pulso direito, uma pulseira de ouro com uma estrela de cinco pontas também de ouro; e no dedo anular da mão esquerda, um anelzinho de ouro com uma turquesa.

Em dias de festa, enfeitava os cabelos com uma tiara de flores brancas.

Sua magia

Huélva começou a colocar as cartas ciganas com símbolos próprios da família da mãe aos cinco anos e já estava aprendendo a fazer magias com as flores; infelizmente, entretanto, ela passou para o mundo espiritual muito nova, com apenas seis anos de idade. Por isso é conhecida como um espírito virgem e infantil.

Ela gostava de todas as frutas da sua época, dos doces e guloseimas de que todas as criança gostam; essas são as suas oferendas prediletas.

Huélva gostava de fazer magia com uma pedra chamada turmalina rosa. Embaixo de uma árvore frondosa ela colocava a pedra sobre uma folha de parreira, do lado direito acendia uma vela rosa e, do esquerdo, um incenso de rosas. Esta era a magia que a ciganinha fazia para qualquer pedido.

RAMIRES

Esse cigano era moreno-claro, de cabelos pretos lisos e olhos esverdeados.

Suas roupas

A roupa preferida de Ramires era blusão branco com mangas compridas fechadas por abotoaduras de ouro em forma de botões. Por cima desse blusão ele usava um colete de veludo verde rebordado com pedrinhas coloridas. Na cintura trazia uma faixa dourada, na qual prendia o seu punhal de prata com cabo de esmeralda. Sua calça era de veludo azul-turquesa.

Seus adereços

Ramires costumava usar na cabeça um lenço vermelho amarrado para o lado esquerdo. Na orelha direita trazia uma pequena argola de ouro; e no pescoço, um cordão de ouro com uma moeda de ouro antiga como pingente.

Sua magia

Ramires fazia magia com dois espelhos em forma de triângulo. Ele os colocava no chão, um deles com uma das pontas voltada para o Norte e o outro com uma das pontas para o Sul. Em cada ponta desses espelhos ele acendia uma vela branca e, no meio deles, colocava um copo com água e um cravo branco. Em seguida, ele pedia a Dieula que curasse uma pessoa doente.

A fase da Lua da sua preferência era a cheia.

PEDROVIK

Era um cigano de meia idade, moreno-claro, de cabelos e olhos pretos.

Suas roupas

O traje preferido de Pedrovik era blusão branco com mangas compridas, por cima do qual vestia um colete, e calça de veludo azulão rebordado com fios prateados e pedras em várias cores, predominando o branco e o azul-turquesa. Na cintura ele usava uma faixa vermelha de veludo, na qual trazia o seu punhal com cabo de chifre de búfalo.

Seus adereços

Não dispensava um chapéu branco enfeitado com uma pena de pavão. Na orelha esquerda usava uma argola de ouro pequena e, no pescoço, um cordão grosso de ouro com um pingente de quartzo azul.

Sua magia

Quando vivo, Pedrovik tinha um pavão que adorava. Hoje, como espírito, sempre pede um pavão quando chega à Terra, pois não sabe trabalhar sem essa ave. Ele sempre diz estas palavras: *"Quando o pavão arma a sua cauda é sinal de que sua magia está completa."*

Usa a manga-espada em suas magias: ele joga com três caroços dessa fruta e é com eles que faz as previsões para o seus clientes. Ele também faz um pó para encantamento de amarração com o caroço da manga-espada.

A fase da Lua da sua preferência era a crescente.

ZANAIR

Zanair era muito bonita: seu rosto parecia o de uma boneca de porcelana, de olhos grandes e bemfeitos. Era branca, tinha olhos e cabelos pretos, e usava uma trança que descia pelo lado esquerdo do pescoço até a cintura. Como era de estatura pequena (media 1,50 m), parecia uma menina.

Suas roupas

Seu traje preferido era composto por blusa azul-clara com decote em V, traspassada e amarrada na frente, e saia azul-clara enfeitada com fitas largas de várias cores (exceto amarelas) penduradas. Na cintura ela usava um cinto de veludo vermelho com moedas antigas penduradas.

Zanair punha na cabeça um lenço azul-claro e, quando podia, prendia nele uma flor vermelha, do lado direito.

Seus adereços

Usava argolas de ouro nas orelhas e, no pescoço, um cordão de ouro com um trevo de quatro folhas de ouro pendurado. No pulso direito usava uma corrente grossa com pingentes em forma de ferradura, trevo de quatro folhas, sol e lua, tudo em ouro. Nos dedos trazia vários anéis de ouro em diversas formas e com pedras de várias cores (exceto amarelas). No tornozelo esquerdo trazia uma corrente fina de ouro, com um pingente feito com uma água-marinha minúscula.

Sua magia

Zanair gostava de fazer magia para unir um casal que estivesse separado. Ela misturava castanhas (também podemos usar castanha de caju) com mel até formar uma pasta. Em um papel, escrevia, a lápis, os nomes do casal e o lambuzava com a pasta. Cortava, então, uma maçã ao meio e inseria o papel lambuzado no meio dela, voltando a unir as metades, amarrando-as com uma fita vermelha. Em seguida, colocava essa maçã em um pote de barro com tampa, cobrindo-a com o restante da pasta, acrescentando, ainda, açúcar e folhas de erva-doce socadas, e fechava o pote com a tampa. Acendia, então, duas velas vermelhas juntas na frente desse pote e pedia a união do casal. Após isso, Zanair entregava o pote à mulher e pedia que ela o guardasse debaixo da cama do casal até o seu homem voltar. Quando ele voltasse, a mulher deveria colocá-lo embaixo de uma árvore frondosa e acender duas velas vermelhas juntas, ao lado do pote.

A fase da Lua da sua preferência era a crescente.

IZALON

Era moreno, de cabelos e olhos pretos.

Suas roupas

Seu traje preferido era blusão branco com mangas compridas, aberto no peito, e calça de veludo azul-turquesa. Usava na cintura uma faixa de veludo vermelha, na qual prendia um punhal de cabo de madrepérola, e um chapéu azul-turquesa.

Seus adereços

Trazia na orelha esquerda uma pequena argola de ouro e, no pescoço, um cordão de ouro com uma estrela de seis pontas pendendo bem no meio do peito. No dedo anelar da mão esquerda usava uma aliança de ouro grossa.

Sua magia

Izalon desenhava uma estrela de seis pontas no chão e em cada ponta acendia uma vela azul. Então, ia para o meio dessa estrela e fazia a sua mentalização. Ele repetia esse ritual todas as primeiras noites de Lua crescente.

Izalon sempre dançava com sua esposa, a cigana Adana, em volta da fogueira sagrada; os dois eram a representação da família feliz. Por isso, esse espírito tem muita luz para ajudar os casais a encontrarem a felicidade.

Tudo que oferecemos ao cigano Izalon temos de oferecer também a Adana. Ela foi a sua paixão em vida e é a sua companheira no mundo espiritual.

Quando chega à Terra, Izalon faz a seguinte louvação:

"Ó natureza, conserve o amor entre o homem e a sua mulher.
Permita que haja sempre o respeito mútuo.
Que a família tenha sempre o aroma da compreensão.
Que Deus cubra as famílias desta Terra."

A fase da Lua da sua preferência é a crescente.

POGIANA

Era morena, de olhos cor de mel e cabelos castanhos-claros.

Suas roupas

A roupa preferida de Pogiana era blusa estampada com maçãs vermelhas sobre fundo branco e saia rodada com o mesmo estampado da blusa. Na cintura ela usava um lenço vermelho com franjas longas, amarrado para o lado esquerdo.

Seus adereços

Usava na cabeça um lenço vermelho com franjas longas; grandes argolas de ouro nas orelhas; no pescoço, um cordão grosso de ouro com várias maçãs minúsculas de ouro penduradas, com um detalhe interessante: a maçã que ficava bem no meio dos seus seios não era inteira, mas cortada como se tivesse sido tirado um pedaço. Trazia nos pulsos várias argolas de ouro e, nos dedos, anéis de ouro em vários feitios e com diversas pedras coloridas.

Sua magia

Pogiana é chamada "a cigana do amor e da paixão ardente". Quando chega à Terra, ela logo pede uma maçã vermelha, que coloca na mão esquerda, ficando com ela até acabar de fazer suas magias para o amor.

Ela sempre trazia pendurado na cintura, debaixo do lenço, um saquinho de veludo vermelho com suas cartas, que tinham desenhados os símbolos antigos dos seus antepassados.

A fase da Lua da sua preferência era a cheia.

TARIM

Era moreno queimado do Sol, de cabelos e olhos pretos.

Suas roupas

O traje preferido de Tarim era blusão de mangas compridas na cor creme, por cima do qual vestia um colete de veludo vermelho rebordado com pedras brancas leitosas. Trazia na cintura uma faixa vermelha, na qual prendia seu punhal de prata. Sua calça era azul-turquesa com uma faixa vertical vermelha de cada lado.

Seus adereços

Tarim usava na cabeça um lenço vermelho amarrado para o lado esquerdo. Trazia na orelha direita uma argola de ouro pequena e, no pescoço, um cordão de ouro no qual estava pendurada uma estrela de seis pontas também de ouro. No dedo indicador da mão esquerda usava um anel de ouro com um rubi.

Sua magia

Este cigano era um vidente do fogo. Era nas labaredas da fogueira sagrada que ele fazia suas vidências e orientava o seu grupo. Quando acendia a fogueira, ele sempre rezava esta oração às salamandras:

"*Salamandra, tu que és o fogo vivo,*
Queima todas as maldades do mundo com tua
   língua de fogo.
Abre os caminhos para os ciganos passarem.
Ó deus encantado do fogo, queima todas as impurezas do mundo."

Depois jogava muitas folhas secas de eucalipto na fogueira e pedia a purificação do acampamento para que sempre houvesse paz entre seu grupo de ciganos.

A fase da Lua de que mais gostava era a cheia; entretanto, quando tinha algo para minguar e queria pedir para afastar perseguições do caminho de alguém, ele usava o quarto minguante.

TAINARA

Essa cigana tinha pele clara, cabelos ruivos e olhos esverdeados.

Suas roupas

Tainara gostava de vestir blusa vermelha com babados e mangas bufantes e saia feita de largas tiras de pano verticais, coloridas (menos na cor preta), com a barra recortada em bicos, e tendo presa em cada bico uma moeda antiga. Na cintura ela usava um cinto em que estavam penduradas moedas iguais às da saia.

Seus adereços

Ela usava na cabeça um lenço vermelho e não apreciava anéis. Só trazia, nas orelhas, grandes argolas de ouro com pedras de esmeralda penduradas; no pescoço, um cordão grosso de ouro com um grande rubi pendurado entre os seios; e, no meio das sobrancelhas, um minúsculo rubi incrustado na pele.

Sua magia

Como seu irmão Tarim, Tainara praticava o ritual do fogo. Mas ela ia mais longe que ele, pois trabalhava até com as chamas de velas.

Ela usava uma frase muito importante para a hora desse ritual:

"*O Rei das Salamandras é a minha força mágica.*"

Quando ela dançava em volta da fogueira sagrada, com certeza estava fazendo alguma magia. Se ela retirasse o lenço da cabeça, isso significava que estava dando o seu grito de guerra.

Essa cigana não tinha preferência por nenhuma fase da Lua: sua preferência era pela energia do Sol. A cor das velas de que ela mais gostava era a vermelha.

TAMÍRIS

Era morena-clara, de olhos e cabelos pretos.

Suas roupas

A roupa preferida de Tamíris era blusa cor-de-rosa escura, com mangas bufantes curtas e que, ao redor do decote, era bordada com pedrinhas coloridas penduradas. Sua saia era em pano liso na cor rosa, tendo aplicadas por cima várias fitas coloridas. Na cintura usava um lenço branco com franjas longas, amarrado para o lado esquerdo.

Seus adereços

Na cabeça Tamíris usava um lenço verde-água. Trazia nas orelhas argolas de ouro, com uma estrela de cinco pontas pendurada na que ficava do lado direito. No pescoço levava um cordão de ouro com uma estrela de cinco pontas, também de ouro, pendurada.

No pulso esquerdo ela trazia várias pulseiras de ouro em forma de argolas; no pulso direito, uma corrente de ouro com várias moedas de ouro antigas penduradas. Um detalhe acerca dessa cigana é que ela usava um só anel de ouro no dedo indicador da mão esquerda, o qual trazia, bem no meio, um sol em alto-relevo.

Sua magia

Aonde quer que Tamíris fosse, levava sempre nas mãos um saquinho de veludo rosa-escuro, dentro do qual estavam suas cartas de símbolos próprios dos seus antepassados e uma pedra grande de fluorita bruta. Ela dizia que esta pedra protegia a sua vidência e ajudava as concretizações terrenas e espirituais da sua magia.

As fases da Lua de sua preferência eram a nova, a crescente e a cheia; ela só não gostava da Lua minguante.

DIEGO

Era um cigano moreno, de cabelos pretos e olhos cor de mel. Ele usava bigode e costeletas.

Suas roupas

Seu traje preferido era formado por blusão branco com mangas bufantes, que iam até os cotovelos, e calça de veludo na cor verde. Por cima do blusão ele usava colete de veludo vermelho rebordado com pedras verdes. Na cintura trazia uma faixa de veludo vermelha em que prendia o seu punhal dourado com cabo cravejado de esmeraldas.

Seus adereços

Diego usava na cabeça um lenço verde-esmeralda, amarrado para o lado esquerdo. Na orelha direita ele usava uma pequena argola de ouro e, no pescoço, um grosso cordão de ouro com uma medalha antiga que pertencera aos seus ancestrais. No pulso esquerdo levava uma grossa corrente de ouro e, no dedo indicador da mão direita, um anel de ouro, bem no meio do qual havia uma minúscula ferradura de ouro branco em alto-relevo.

Sua magia

Ele colocava várias maçãs verdes dentro de um tacho de cobre e as rodeava com vários cravos brancos. Depois, ele subia uma colina e, lá em cima, levantava esse tacho seis vezes acima da cabeça, enquanto fazia seus pedidos. Então, colocava o tacho no chão, acendia seis velas brancas em volta desse tacho e permanecia a seu lado até que todas as velas se apagassem. Em seguida, levava o tacho para o acampamento e distribuía as maçãs para as pessoas que necessitavam de uma graça.

Diego também fazia a vidência do fogo como seus irmãos, mas sua preferência era pela chama de uma vela verde.

Quando esse cigano chega à Terra, pede logo um galho de manjericão branco, que coloca atrás da orelha direita.

A fase da Lua da sua preferência era a cheia.

THAÍS

Era uma cigana morena-clara, de olhos pretos e cabelos castanhos-escuros.

Suas roupas

Sua roupa preferida era blusa azul-clara, curta e com mangas bufantes, tendo um decote maior nas costas do que na frente. A saia era estampada com flores de várias cores. Na cintura usava uma faixa branca de veludo rebordada com flores de várias cores.

Seus adereços

Thaís usava na cabeça um lenço amarelo-claro e, por cima dele, uma tiara de flores de várias cores claras. Nas orelhas trazia brincos de ouro em forma de rosas e, no pescoço, um cordão de ouro com uma rosa de ouro pendurada bem no meio dos seios.

Sua magia

Essa cigana tem fala macia, é meiga e carinhosa. Quando ela chega à Terra, todos sentem um aroma de flores.

Ao chegar, ela diz estas palavras:

*"Sou um botão de flor
que vai desabrochar neste local.
Sou somente um encanto que chegou."*

Em seguida pede um girassol, segura-o na mão esquerda e é assim que ela começa a fazer as suas magias.

A fase da Lua de sua preferência era a nova.

LEMIZA

Essa cigana era muito vaidosa, gostava de perfumes, batons e todos os cosméticos que podem deixar a mulher mais bonita. Era morena-clara, de cabelos castanhos cacheados e olhos azuis.

Suas roupas

Sua roupa preferida era blusa azul-clara de babados longos, tendo na cintura uma faixa dourada rebordada com várias pedras coloridas. Sua saia rodada era estampada, predominando a cor vermelha; a barra era recortada em bicos largos.

Seus adereços

Lemiza usava na cabeça um lenço vermelho. Nas orelhas trazia brincos de ouro com pingentes de quartzo azul e, no pescoço, um cordão de ouro com pedras coloridas. Ela usava nos dedos das duas mãos anéis de vários tipos e, no pulso esquerdo, um bracelete de ouro enfeitado com várias pedras coloridas.

Sua magia

Lemiza não dispensava um pandeiro enfeitado de fitas coloridas (exceto na cor preta): era com ele que dançava em volta da fogueira e fazia suas magias.

Também não dispensava um saquinho de veludo azul-claro, que trazia pendurado em sua saia, no qual estavam suas cartas decoradas com símbolos próprios do seu clã, uma moeda antiga furada no meio e uma água-marinha.

Mas não era só com essas cartas que ela via o passado, o presente e o futuro; também lia as linhas das mãos das pessoas que queriam saber algo da sua vida.

Além disso, fazia um pó que, segundo ela, chamava o amor, cuja receita está em meu primeiro livro *(Mistérios do povo cigano)*.

A fase da Lua de sua preferência era a cheia. Sua fruta preferida era a uva verde e ela apreciava as flores-do-campo.

TALITA

Era morena-clara, de olhos e cabelos pretos; os cabelos longos iam até a cintura. Um detalhe especial dessa cigana é que, na testa, entre as sobrancelhas, tinha um sinal que mais parecia uma minúscula pedra de ônix. Ela não gosta de falar o português, mas somente o seu antigo dialeto cigano da Europa medieval.

Suas roupas

Talita usava, de preferência, um longo vestido cor-de-rosa, com mangas bufantes, rebordado com pedras coloridas. Na cintura usava um cinto dourado, no meio do qual ficava uma estrela de cinco pontas também dourada.

Seus adereços

Na cabeça usava um diadema dourado com pedras coloridas; nas orelhas, brincos de ouro com pedras coloridas penduradas; no pulso esquerdo, um bracelete de ouro com vários desenhos de rosas em alto-relevo, tendo no meio de cada uma delas uma pedrinha de rodocrosita; nos dedos, vários anéis de ouro com pedras coloridas.

No pescoço ela usava várias correntes de ouro juntas, no meio das quais, bem na direção dos seus seios, ficava pendurada uma figa de esmeralda.

Sua magia

Talita não usava cartas, mas um ritual que utilizava um grande copo de cristal com água da chuva, apanhada na Lua nova, e uma rosa cor-de-rosa ou chá.

Ela era muito misteriosa e exigente. No lugar em que vai trabalhar aqui na Terra tem de haver uma grande almofada cor-de-rosa.

Capítulo 6
A FAMÍLIA DE LUAN E MICAELA

O cigano Luan nasceu em uma noite de Lua cheia, em 1710. Quando completou sete anos, ele foi encaminhado para a magia da fogueira sagrada; aí ele descobriu o seu caminho nas labaredas, na energia do fogo. Aos 14 anos de idade, Luan foi o primeiro a pegar uma brasa nas mãos e conversar com o fogo vivo; daquele dia em diante, ficou responsável pela cinza da fogueira sagrada.

Aos 20 anos de idade Luan descobriu profundamente a energia da Lua cheia. No dia 18 de junho de 1730, na Espanha, mais precisamente em uma pequena cidade perto de Madri, casou-se com a cigana Micaela, que tinha 13 anos.

A primeira filha do casal nasceu quando Luan tinha 21 anos de idade e Micaela, 14. Ao ser pai pela primeira vez, Luan esquentou a água para o primeiro banho da filha no seu samovar, o fogareiro portátil para aquecer água que seus antepassados usavam e que viera da Rússia.

Depois, de 12 em 12 meses, Micaela teve filhos por mais três vezes. A primeira filha recebeu o nome de Luana. Depois dela vieram Heron, Fabíola e, na última gestação, as gêmeas Oriana e Roxana. Completou-se assim o círculo de mais uma família cigana. Luan e Micaela viviam felizes, tudo que eles queriam era uma família completa. Embora jovens, eles apreciavam seus filhos. No dia 7 de julho de 1738, à tarde, o tempo virou e uma ventania muito forte se abateu sobre o acampamento, trazendo a tragédia. Luan levou um tombo do seu cavalo e por infelicidade seu pé ficou preso no estribo. Ele foi arrastado pelo cavalo por uma boa distância; por causa disso, teve várias costelas quebradas, uma das quais perfurou seu pulmão esquerdo.

Assim a tempestade chegou ao lar do jovem casal. Sete horas depois do acidente, Luan, que tinha então 28 anos, veio a falecer, indo para o mundo espiritual. Um detalhe sobre sua morte é que, antes de morrer, Luan pediu ao chefe do grupo que seguisse a tradição dos seus antepassados, fazendo uma grande festa para que seu espírito chegasse ao reino do Pai com muita alegria. Assim foi feita a sua última vontade: uma grande fogueira foi armada e ele desencarnou em uma noite de Lua cheia ao som dos ventos e dos violinos, com muita comida, bebida e tudo de que ele mais gostava.

Micaela ficou viúva com 21 anos de idade e com os filhos pequenos. A mais velha, Luana, estava com sete anos; Heron estava com seis anos, Fabíola com cinco e as gêmeas, Oriana e Roxana, com apenas quatro anos de idade.

Micaela decidiu que, depois daquele dia, seria o pai e a mãe das *chinorrés*(crianças), e levou a sua vida como pôde. Como é tradição na família cigana, quando a filha fica viúva, ela volta para o acampamento onde estão seus pais e passa a viver como se fosse solteira, até se casar de novo, o que aconteceu com Micaela quando ela estava com 28 anos de idade. O cigano Anatole estava viúvo há sete anos. Sua mulher, desde que teve o primeiro filho, que nasceu morto, não tivera mais saúde, até morrer; e Anatole também sofreu muito com a morte da mulher. Certo dia houve uma festa no acampamento onde vivia Micaela, e Anatole compareceu junto com sua família. Quando o pai de Anatole conversava com o pai de Micaela, surgiu o assunto de que os dois tinham filhos viúvos. Naquele momento ficou acertado o casamento dos dois e foi assim que eles juntaram as dores das suas perdas.

No dia 13 de junho de 1745 Anatole casou-se com Micaela, a qual, junto com seus filhos, foi morar com a família do novo esposo. Infelizmente Micaela não teve mais filhos, mas Anatole cuidou dos filhos do primeiro casamento dela como se fossem seus de verdade. Hoje estão todos juntos no mundo espiritual.

LUAN

Luan era queimado de sol, tinha olhos azuis e cabelos pretos, que desciam até os ombros.

Suas roupas

Seu traje preferido era calça azul-marinho e blusão branco com mangas compridas, fechadas por abotoaduras de ouro em forma de botões, por cima do qual Luan vestia um colete de veludo vermelho rebordado com fios dourados. Na cintura ele levava uma faixa azul, na qual prendia o seu punhal dourado.

Seus adereços

Luan usava um lenço azul-claro na cabeça, amarrado para o lado esquerdo, e uma pequena e grossa argola de ouro na orelha direita. No pescoço trazia um grosso cordão de ouro com um diamante pendurado. No dedo anelar da mão esquerda usava um anel de ouro com um grande diamante bem no centro.

Sua magia

Luan pegava um melão e cortava em ziguezague, retirando a tampa. Dentro dele, colocava um cristal de rocha e tampava. Em seguida, fazia um furo nessa tampa e por ele inseria um lírio branco. Levava esta oferenda até uma cachoeira ou um rio e a colocava à margem, entre as águas e a areia, fazendo seu pedido enquanto acendia uma vela.

Hoje, esse cigano vem à Terra apenas por sete horas, de sete em sete meses, para ajudar a quem dele precisa. Luan é um espírito de muita luz. Sempre quando ele chega à Terra dá esta mensagem:

"É bom que vocês saibam que tudo na vida tem de ser feito certo, para conseguirmos concretizar os nossos ideais. O corpo morre, mas o espírito permanece vivo para desfrutar o que foi bem feito na vida terrena."

A fase da Lua de que ele mais gostava para fazer suas magias era a cheia.

MICAELA

Tinha pele clara, olhos verdes e cabelos castanhos-escuros, que usava presos em uma trança que descia pelo lado esquerdo do pescoço e ia até a cintura. Ela sempre foi muito vaidosa, gostava de perfumes, batons, pó-de-arroz e tudo o que servisse para enfeitar o seu rosto de mulher.

Suas roupas

Suas roupas preferidas eram blusa vermelha com babados longos e, na cintura, um lenço amarrado para o lado esquerdo, com franjas longas na mesma cor; sua saia era estampada com flores coloridas.

Seus adereços

Micaela usava um lenço vermelho na cabeça; brincos de ouro com esmeraldas em forma de flores nas orelhas; vários colares de pedras coloridas no pescoço; vários anéis de ouro de formas diferentes nos dedos; e, nos braços, várias pulseiras de ouro em forma de argolas finas.

Sua magia

Em noite de Lua crescente, ela pegava uma flor vermelha e um damasco nas mãos e, mostrando-os à Lua, dizia:

> *"Lua, que esta flor seja o símbolo da feminilidade completa da mulher: que este damasco represente o meu órgão sexual para que eu seja sempre mulher completa para o meu homem."*

Em seguida, ela comia o damasco e preparava um banho com a flor.

Micaela não manuseava as cartas, só lia as linhas da mão.

A fase da Lua que ela mais gostava era a cheia.

LUANA

Era morena-clara, de olhos azuis e cabelos pretos, que usava soltos até a cintura.

Suas roupas

Sua roupa preferida era blusa azul-turquesa, com mangas bufantes e decote em V na frente e nas costas, e uma saia estampada, com predomínio do azul-turquesa. Na cintura ela usava um cinto vermelho de veludo.

Seus adereços

Luana usava na cabeça um lenço azul-turquesa; nas orelhas, grandes argolas de ouro; no pescoço, vários colares de pedras coloridas; no dedo indicador da mão direita, um anel de ouro com uma grande turquesa e, no dedo anelar da mão esquerda, um anel de ouro com uma flor em ouro branco tendo no meio um rubi. Nos pulsos usava várias pulseiras de ouro em forma de argolas finas.

Sua magia

Desde seus oito anos de idade, Luana manuseava as cartas ciganas com símbolos antigos que sua avó paterna, a cigana Karim, lhe dera de presente.

Um detalhe sobre ela é que gostava de colocar, sempre que podia, uma orquídea na sua tenda.

A fase da Lua de que ela mais gostava era a crescente.

HERON

Era moreno queimado de sol, de olhos verdes e cabelos pretos. Ele usava bigode e costeletas.

Suas roupas

Heron costumava vestir um blusão verde-água, com mangas compridas fechadas por abotoaduras de ouro no feitio de botões, e calças de veludo verde-água. Na cintura usava uma faixa de veludo branco, na qual prendia o seu punhal de ouro.

Seus adereços

Heron trazia na cabeça um lenço verde amarrado para o lado esquerdo e, na orelha direita, uma pequena argola de ouro.

Usava no pescoço um grosso cordão de ouro com um diamante pendurado; no dedo da mão esquerda, um anel de ouro com um diamante grande, e, no pulso desta mesma mão, uma pulseira de ouro com uma chapa em que estava o seu nome gravado em alto-elevo.

Sua magia

O cigano Heron, hoje um espírito de luz, diz sempre estas palavras quando vai para o plano astral:

"O que é a verdade? Sem ela nenhum trabalho tem valor, sem ela nenhuma palavra tem crédito e nenhum talento tem poder."

A fase da Lua da sua preferência era a cheia.

FABÍOLA

Essa cigana tinha pele clara, olhos verdes e cabelos castanhos-escuros, que usava presos em uma trança que caía pelo lado esquerdo até a cintura. Fabíola era a melhor dançarina do seu grupo, gostava muito de dançar as músicas espanholas antigas, principalmente os sapateados.

Suas roupas

Seu traje preferido era composto de blusa cor-de-rosa, com um grande babado no decote, arrematado em toda a volta por um viés dourado, e de uma saia na mesma cor e com babados na barra iguais aos da blusa. Na cintura usava um cinto de pano dourado rebordado com pedras cor-de-rosa.

Seus adereços

Fabíola usava nas orelhas grandes argolas de ouro; no pescoço, vários colares de pedras coloridas; e no dedo anelar da mão direita, um anel de ouro com uma grande esmeralda. Na cabeça ela usava um lenço dourado.

Sua magia

Uma das magias de Fabíola durava um mês, período de um ciclo lunar completo. Ela colocava algumas sementes de girassol e de patchuli (ou vetiver) ralado em uma *putsi(bolsa* cigana), a qual mostrava à Lua em todas as suas fases. Nesse momento, ela pedia para que onde estivesse não faltasse o pão de cada dia. No dia seguinte ao quarto período lunar, ela entregava a bolsa para a pessoa que havia pedido a magia. A fase da Lua da sua preferência era a crescente.

ORIANA

Oriana era morena. Tinha olhos azuis e cabelos castanhos, que iam até a cintura e que ela usava soltos. Essa cigana era muito vaidosa, gostava de perfumes, batons, pó-de-arroz, *rouge* e tudo que embelezasse o seu rosto de mulher.

Sua personalidade era muito diferente da de sua irmã gêmea Roxana: era agitada, tinha personalidade forte, não tolerava nada de ninguém, era muito orgulhosa e arrogante.

Era uma das dançarinas de seu grupo, a principal bailarina das danças ciganas antigas.

Suas roupas

Oriana usava geralmente um vestido de pano fino, na cor azulão. Esse vestido tinha um decote em V nas costas e mangas em forma de sino, que também era o feitio da saia. Na cintura ela usava um cinto de veludo vermelho, tendo no meio uma grande esmeralda.

Seus adereços

Ela usava na cabeça um lenço vermelho com franjas longas. Nas orelhas trazia grandes brincos de ouro com várias pedras, de diversas cores, penduradas, formando uma cascata. No pescoço trazia uma gargantilha igual aos brincos. Nos dedos usava vários anéis de ouro e, nos pulsos, várias argolas finas de ouro.

Sua magia

A cigana Oriana fazia magia para fortalecer a união de um casal. Com uma faca (*choori*) ela tirava uma talisca grossa do tronco de uma árvore e, na cavidade, colocava um fio de cabelo do homem e um da mulher e mais um papel com o nome de ambos escrito a lápis, recolocando, em seguida, a lasca e marrando o tronco dessa árvore com uma fita verde-escura grossa. Enquanto fazia a magia, ela falava o seguinte: *"Assim como estão juntos esses fios de cabelo, vocês permanecerão juntos pela força da natureza e pelo amor".*

A fase da Lua de que ela mais gostava era a nova.

ROXANA

Roxana era morena, de olhos azuis e cabelos castanhos, que deixava soltos e que iam até a cintura.

Ela era fisicamente muito parecida com a irmã gêmea Oriana, mas diferente na personalidade: Roxana era calma, humilde, meiga e não era vaidosa.

Suas roupas

Ela costumava usar blusa branca com mangas bufantes e saia estampada em várias cores. Na cintura trazia uma faixa azulão com as pontas penduradas.

Seus adereços

Roxana cobria a cabeça com um lenço branco. Nas orelhas usava pequenas argolas de ouro; no pescoço, um cordão de ouro com uma medalha, na qual estava gravado um símbolo antigo dos seus antepassados; e no dedo anelar da mão direita, um anel de ouro com uma minúscula pedra lápis-lazúli.

Sua magia

Roxana trazia sempre na mão um saquinho de veludo azulão em que guardava as suas cartas decoradas com símbolos próprios, antigos, e três moedas de ouro da Europa medieval.

Essa cigana sabia muitas rezas: era ela que curava as doenças do seu grupo e, por isso, era chamada de curandeira.

A fase da Lua da sua preferência era a cheia e a fruta de que mais gostava era a uva verde.

ANATOLE

Anatole era moreno, tinha olhos castanhos-claros e cabelos grisalhos. Ele usava costeletas e um grande bigode.

Suas roupas

O traje preferido de Anatole era blusão branco com mangas compridas, presas por abotoaduras de ouro com um rubi, e calça de veludo marrom. Anatole não usava colete, mas somente uma faixa de veludo vermelho na cintura, na qual prendia um punhal e uma garrucha.

Seus adereços

Anatole trazia sempre na cabeça um chapéu marrom enfeitado com uma pena branca. Ele usava na orelha esquerda uma minúscula argola de ouro e, no pescoço, um grosso cordão de ouro com um pingente, também de ouro, em forma de sol.

Sua magia

Em noite de Lua minguante ele espetava várias varetas de incenso, da fragrância madeira, em um melão, de modo a deixá-lo parecido com um ouriço. Em seguida ele acendia esses incensos e fazia o seu pedido: *"Que a força desta fumaça tire toda a negatividade do meu caminho.*

"Após a queima completa dos incensos, ele levava o melão para o alto de um morro e o jogava morro abaixo, dizendo novamente: *"Leve toda negatividade do meu caminho."*

Hoje, Anatole é um espírito de luz e, quando chega à Terra, diz estas palavras:

"Todos os seres humanos ganham do Pai do infinito uma cruz para carregar.
Uns ganham a cruz pesada, outros a cruz mais leve, e assim por diante.
Todos têm a sua cruz para carregar.
Ninguém retira esta cruz.
Os espíritos ciganos podem lhe dar força para carregar a sua cruz, dar resignação para levar até a hora em que o Pai do infinito achar que chegou a hora desta cruz ficar leve ou não."

O que esse cigano quer dizer é que todos devem se conformar com o destino que Deus lhes traçou, pois só Ele sabe o que faz.

Anatole gosta de todas as fases da Lua; ele diz que cada uma delas tem o seu significado.

Capítulo 7
A FAMÍLIA DE NICOLAS E SULAMITA

A carroça do cigano Nicolas seguia pela estrada de barro. Ao entardecer, quando parou para descansar, observou a vegetação que crescia nas margens do caminho. Algo nela chamava a sua atenção: eram as folhas cobertas pelo pó vermelho que vinha da estrada poeirenta. Mesmo assim elas eram belas, e lhe davam uma idéia de liberdade.

Ao amanhecer, quando retomava a viagem, Nicolas voltou a olhar as folhas das árvores nas margens da estrada: agora elas estavam límpidas, pois o orvalho as lavara, como se fosse um banho noturno de purificação. Mas, logo o sol foi secando a estrada e a poeira voltou a levantar, começando tudo de novo. Nicolas então pensou: "Isso é a natureza que Deus criou e a vida do ser humano."

Pensando assim, o cigano chegou ao acampamento onde estava a sua noiva. Era o seu segundo casamento: sua primeira esposa fora a cigana Katiana Natasha, e ele tinha ficado viúvo no ano de 1886. Agora Nicolas ia casar-se com Sulamita que, como ocorria em todos os casamentos tradicionais ciganos da época, estava com 13 anos de idade. Ela havia sido criada pelo avô, o cigano Ramon, pois tinha perdido seus pais: a mãe, quando tinha apenas dois anos de vida, e o pai, aos quatro anos.

O casamento foi no dia 22 de junho de 1887. Dez meses depois, Sulamita deu à luz Dandara, sua primeira filha. Nicolas ficou um pouco triste: ele queria um filho macho, pois já tinha uma filha do primeiro casamento, que era Florisbela. Mas se conformou e viu na menina uma companheira para sua primeira filha.

Nove meses depois do nascimento de Dandara chegou o filho que Nicolas tanto desejava: Sulamita deu à luz um meninão. Nicolas queria colocar o seu próprio nome no filho, mas Sulamita não concordou. Entre os ciganos, é a mãe quem escolhe o nome do filho; assim, quando foi dar a primeira mamada, ela deu ao filho o nome de Diogo.

Assim ficou formada a segunda família de Nicolas com Sulamita. Com o passar dos anos, Nicolas sentiu-se grato por sua esposa ter colocado aquele nome em seu primeiro e único filho homem.

NICOLAS

Ele era moreno queimado de sol, com olhos pretos e cabelos grisalhos. Usava bigode e costeletas.

Suas roupas

Nicolas costumava vestir blusão branco, com mangas compridas fechadas com abotoaduras de ouro em forma de sol, e calças de veludo branco. Por cima do blusão usava um colete de veludo azul-escuro, rebordado com pedras coloridas em tons claros.

Na cintura ele usava uma faixa com as cores do arco-íris, na qual prendia seu punhal de prata com cabo de chifre de búfalo.

Seus adereços

Nicolas trazia sempre na cabeça um chapéu branco. Na orelha esquerda usava uma pequena argola de ouro e, no pescoço, um cordão de ouro com uma estrela de seis pontas pendurada.

No pulso direito ele usava uma pulseira de chapa, na qual estava gravada em alto-relevo a letra N, no meio de um triângulo desenhado com minúsculos rubis.

Sua magia

Nicolas trazia sempre um copo de couro, no qual estava gravada a palavra SHALON. Dentro desse copo ficavam guardados três dados grandes. Era com esses objetos que ele previa as coisas do mundo terreno.

Sua fruta preferida e exclusiva era a uva verde. A fase da Lua da sua preferência era a crescente.

SULAMITA

Sulamita tinha pele clara, cabelos e olhos pretos.

Suas roupas

Usava blusa branca com decote em V e mangas bufantes. Sua saia era de palha dourada; nela estavam presos vários lenços coloridos (menos na cor preta), formando uma espécie de babado com pontas soltas.

Na cintura ela usava um lenço dourado, de franjas longas, que ficava amarrado para o lado esquerdo.

Seus adereços

Sulamita trazia na cabeça um lenço amarelo-ouro, por cima do qual punha uma tiara de flores em tons claros. Ela usava brincos de ouro com pingentes de topázio amarelo. No pescoço trazia vários colares de pedras coloridas; nos dedos, vários anéis de ouro em diversos tipos; e, no pulso esquerdo, um bracelete de ouro com flores em alto-relevo, tendo no miolo pedrinhas de citrino.

Sua magia

Ela estava sempre com um saquinho de veludo amarelo nas mãos. Dentro dele colocava suas cartas, desenhadas com símbolos próprios dos seus antepassados, e cinco moedas antigas amarelas. Era com esses objetos que ela fazia suas previsões.

A fase da Lua em que ela mais gostava de fazer suas magias era a crescente.

DANDARA

Dandara tinha pele clara, olhos azuis e cabelos pretos e longos, que chegavam até abaixo da cintura e que ela deixava soltos. Ela era meiga, carinhosa e muito bonita. Parecia uma bonequinha de porcelana e adorava crianças.

Suas roupas

As roupas preferidas de Dandara eram blusa azul-clara, com decote em V e mangas em babados, e uma saia estampada (com predomínio da cor azul-turquesa) com a barra recortada em grandes bicos, que iam até os seus tornozelos.

Na cintura ela usava um cinto dourado, no qual estavam penduradas várias medalhinhas cunhadas com o símbolo do seu clã e pedrinhas de topázio amarelo.

Seus adereços

Dandara usava na cabeça uma tiara de flores em várias cores e pedras coloridas. Nas orelhas ela usava brincos em forma de flores com uma minúscula turquesa no centro. No pescoço trazia um cordão de ouro com uma medalha de Nossa Senhora.

Sua magia

Como sua mãe, Sulamita, não dispensava um saquinho de veludo vermelho em que trazia sua cartas, desenhadas com os símbolos do seu clã, e 21 grãos-de-bico. Ela sabia jogar muito bem com esses grãos para descobrir o passado, o presente e o futuro das pessoas que a consultavam.

A fase da Lua de sua preferência era a cheia. Hoje, como espírito, ela fala as mesmas palavras que sempre falava na sua vida terrena:

"*Criança é igual a uma flor.*
Se souberes cultivá-la, terás no futuro o melhor
  perfume.
A melhor coisa para uma criança é amor e carinho.
E vocês terão as mais belas flores do mundo, que são
  as crianças.
Quando forem adultos serão pessoas íntegras."

DIOGO

Diogo tinha pele clara, cabelos e olhos pretos.

Suas roupas

Ele costumava usar blusão azul-turquesa, com mangas compridas fechadas por abotoaduras de ouro em forma de ferradura, em cima do qual vestia um colete de couro cru. Sua calça era azul-turquesa, tendo no lado externo de cada perna uma faixa vertical branca. Na cintura ele trazia uma faixa de veludo azulão, na qual prendia o seu punhal de prata.

Seus adereços

Diogo usava na cabeça um lenço vermelho, amarrado no lado esquerdo; na orelha direita, uma pequena argola de ouro e, no pescoço, um cordão de ouro com uma minúscula ferradura de ouro pendurada. No dedo mínimo da mão esquerda ele trazia um anel de ouro com vários diamantes minúsculos.

Sua magia

Este cigano é hoje um espírito de luz. Ele gosta de receber suas oferendas perto de uma cachoeira.

Quando chega perto de uma queda-d'água, ele sempre fala estas palavras:

"As águas virgens de uma queda-d'água cristalina dão forças para enfrentar os obstáculos da vida terrena e purificam o espírito."

A fase da Lua que ele mais gostava para fazer suas energizações era a crescente.

RAMON

Era um cigano de meia-idade, com cabelos grisalhos e olhos pretos. Ramon foi *kaku* (líder mais velho) do seu grupo e era muito respeitado por vários outros clãs. Devido a sua grande sabedoria, também é conhecido como Rei Salomão.

Suas roupas

Ele usava blusão estampado com mangas compridas, aberto no peito, sem colete por cima. Sua calça era azul-marinho. Na cintura usava uma faixa vermelha, na qual prendia o seu punhal de ouro com cabo incrustado de rubi.

Seus adereços

Ramon usava um lenço vermelho na cabeça, amarrado para o lado direito. Na orelha esquerda ele trazia uma pequena argola de ouro; no pescoço, um cordão de ouro com uma estrela de seis pontas pendurada bem no meio do peito; e, no dedo indicador da mão direita, um anel de ouro com uma estrela de seis pontas, tendo em cada ponta um minúsculo topázio amarelo.

Sua magia

Durante sua vida na Terra, Ramon sempre estava com o seu violino, às vezes tocando, outras vezes compondo suas músicas. As letras dessas melodias falavam sempre de experiências vividas nas longas viagens pelas estradas do mundo.

Hoje, como espírito de luz, quando chega à Terra ele pede logo o seu violino, pois só sabe fazer magia cantando, antes, suas melodias do passado distante, como esta:

> *"Noite fria que fazia,*
> *Todos no acampamento já dormiam.*
> *Só Ramon passeava lá na beira da estrada.*
> *Cigano não tem casa, cigano não tem morada,*
> *A morada de Ramon é na beira da estrada."*

A fase da Lua que ele preferia era a cheia.

Capítulo 8
A FAMÍLIA DE NATAN E NISSA

O casamento de Natan e Nissa realizou-se do mesmo modo como eram feitos todos os casamentos ciganos no passado: os noivos não se conheciam, mas a união era decidida por seus pais. Quando Natan nasceu, seu pai disse para o futuro pai de Nissa, que era seu grande amigo:

"– Quando sua mulher der à luz uma menina, ela será a esposa do meu Natan."

O amigo concordou e assim ficou firmada a promessa.

Entretanto, o tempo foi passando e a mãe de Nissa só dava à luz meninos. Nissa foi a caçula de vários irmãos; por isso, era muito mais nova que Natan.

A aliança prometida entre as duas famílias concretizou-se no dia 13 de junho de 1599, quando uma grande festa comemorou o casamento de Natan e Nissa, enquanto o grupo cigano estava com o acampamento montado em um lugarejo próximo de Barcelona.

A partir desse dia, de acordo com a tradição cigana, Nissa passou a pertencer à família do seu marido. Por isso, no dia seguinte ao do casamento, foi com eles para a estrada, deixando para trás seus pais e irmãos.

Nissa engravidou pouco depois do casamento. Durante todo o tempo de sua gestação, a família viajou, acampando aqui e ali. A caravana chegou novamente em Barcelona no dia 1 de março de 1600. Montando o acampamento, os membros do grupo começaram logo a preparar uma festa, pois a mulher mais velha da família sabia que Nissa ia dar à luz daí a poucos dias. Com efeito, no dia 3 de março começou a festa que comemorou a chegada de mais uma *chinorré* (criança) que aumentaria o grupo dos ciganos na Terra.

Logo que soube que estava muito próximo o instante do nascimento do filho, Natan retirou o lenço que trazia no pescoço, forrou com ele o chão, ajoelhou-se, fincou o punhal no meio do lenço e jogou sobre ele seus três dados, para saber qual seria o futuro do seu filho ou filha.

Logo começou a decifrar o que os seus dados falavam, explicando com muita alegria o jogo para os outros ciganos do seu grupo:

"– Temos um menino, será um guerreiro, lutará muito para que o nosso povo seja respeitado. Esse menino, quando chegar a ser homem feito, terá pulso forte e nunca irá decepcionar o nosso povo."

Depois de algumas horas, Nissa deu à luz um lindo menino. O seu choro dava a todos uma mensagem que todos os ciganos entenderam, e que dizia mais ou menos o seguinte:

"– Estou aqui na Terra de novo, para lutar pelo meu povo e pelo meu sangue."

Uma hora após o nascimento, Natan pegou o filho e o apresentou à roda de ciganos que estavam em volta da fogueira sagrada. Assim começou uma nova vida no acampamento.

No dia seguinte, quando lhe deu a primeira mamada, sua mãe o batizou com o nome de Pablo, e o menino ficou sendo conhecido como Pablo, ou o Pablito da cigana Nissa. A mãe previu que ele teria muitos obstáculos no seu caminho, mas seria um guerreiro e alcançaria muitas vitórias na sua vida terrena.

Pablo cresceu, tornou-se um homem muito bonito e veio a casar-se com a cigana Sarita, seguindo o ritual antigo dos casamentos ciganos. Assim se completou mais um círculo da família cigana.

Quando nasceu o seu primeiro filho, Pablo realizou o mesmo ritual que seu pai fizera quando ele nascera. Só houve uma diferença: dessa vez nasceu uma menina, que Sarita batizou com o nome de Rosita.

Passado um ano, Sarita deu à luz o menino tão esperado pelas famílias ciganas, e o chamou de Igor. Assim formou-se a família dos ciganos Pablo e Sarita, com seus filhos Rosita e Igor.

NATAN

Era moreno e queimado do sol; tinha olhos e cabelos pretos. Natan fez a passagem para o mundo espiritual no dia 23 de abril de 1613, em Madri.

Suas roupas

Natan usava blusão branco com mangas compridas, por cima do qual vestia um colete cor de caramelo. Na cintura trazia uma faixa branca na qual prendia o seu punhal de ouro. Sua calça também era cor de caramelo.

Seus adereços

Ele usava um chapéu cor de caramelo, enfeitado com uma pena branca. Levava no pescoço um cordão de ouro, com uma pequena medalha antiga, e um lenço vermelho amarrado. No dedo anelar da mão esquerda trazia uma grossa aliança de ouro.

Sua magia

Para rezar, pedir etc., este cigano utilizava cravos. Neles estava a força da sua magia. Natan colocava três cravos nas cores branca, vermelha e amarela em três copos com água, no chão, em forma de triângulo, cuja ponta ficava voltada para o Norte, e fazia suas mentalizações. Em seguida, ele os oferecia a pessoas que passavam por alguma necessidade.

Natan não largava nunca o copo de couro onde colocava seus dados. Ele era muito desconfiado.

Esse cigano tem um mistério grande com o fogo.

Hoje, como espírito, ao chegar à Terra ele sempre diz estas palavras:

"*Tu, Lua, que renovas o tempo,*
Lua nova que atrais energia positiva para uns
  dias melhores,
Tu és o círculo no céu, que nos dá força na Terra."

A fase da Lua da sua preferência era a nova.

NISSA

Nissa, a espanhola, era morena queimada de sol, de olhos esverdeados e cabelos castanhos. Essa cigana foi, é e continuará sendo sempre muito religiosa.

Suas roupas

Nissa gostava de usar blusa vermelha com mangas em forma de sino, que iam até os cotovelos. Na cintura ela usava um lenço amarelo-ouro, com longas franjas, amarrado para o lado direito. Usava saia com faixas largas coloridas e com bicos nas pontas.

Seus adereços

Ela usava na cabeça um lenço vermelho. Nas orelhas trazia argolas de ouro; no pescoço, um cordão de pedras coloridas; e, no dedo anelar da mão esquerda, uma grossa aliança de ouro.

Sua magia

Essa cigana gostava muito de flores-do-campo, principalmente as de cor vermelha.

Ela não dispensava um saquinho dourado, no qual trazia suas cartas de símbolos antigos e uma pedra de quartzo azul, com que fazia sua magia.

Hoje ela é um espírito de muita luz. Sua mensagem, quando chega à Terra, é esta:

"Deus Nosso Senhor é o miolo do mundo e nós, espiritos, somos apenas um mensageiro aqui na Terra. Sem a sua permissão não somos nada."

A fase da Lua da sua preferência era a cheia.

PABLO

Era moreno, de cabelos castanhos cacheados que iam até os ombros, costeletas e barbicha. Seus olhos eram esverdeados.

Suas roupas

Quando fazia o seu pó e as suas magias, Pablo usava blusão verde-claro de mangas curtas, por cima do qual vestia um colete verde-folha; a calça era da mesma cor do colete, assim como o lenço que usava na cabeça, amarrado para o lado esquerdo.

Em dias de festa ele usava um blusão branco com mangas compridas bufantes e calças bufantes da mesma cor. Em cima do blusão vestia um colete de veludo azul-turquesa rebordado em pedras coloridas em tons claros. Na cintura usava uma faixa azul-clara brilhosa, na qual prendia o seu punhal de cabo de madrepérola. Na cabeça ele colocava um lenço azul-claro amarrado para o lado esquerdo.

Seus adereços

Pablo usava na orelha direita uma argola de ouro com uma minúscula turquesa. No pescoço ele trazia um cordão de ouro com um pingente em forma de dado, também feito de ouro.

Sua magia

Esse cigano adorava mexer com folhas. As suas ervas preferidas eram o cólchico e o timbó-mirim. Esta última é ramosa, de cor verde-esbranquiçada; sua flor é rosa. Essa erva dá uma vagem dentro da qual existem várias sementes iguais a um feijão, na cor azul. É da semente dessa erva que se faz o anil e era dessa mesma semente que Pablo fazia o pó que utilizava para magias diversas.

Pablo também usava, como seu pai, um copo de couro e três dados grandes para fazer suas vidências.

A fase da Lua da sua preferência era a crescente.

SARITA

Era morena, de cabelos e olhos pretos. Usava os cabelos presos em uma trança que caía pelo lado esquerdo do pescoço, indo até a cintura, e que tinha as pontas enfeitadas com fitas finas coloridas.

Suas roupas

Sarita usava blusa vermelha, curta, com mangas bufantes. Na cintura levava uma faixa de várias cores. A saia era feita até a metade com pano estampado; o resto era de pano liso amarelo, montado em babados cujas barras eram recortadas em bicos.

Seus adereços

Ela usava na cabeça um lenço estampado, predominando o amarelo-ouro; em dias de festa punha em cima do lenço uma tiara de flores vermelhas.

No pescoço ela trazia muitos colares de pedras em várias cores, predominando a vermelha. Nas orelhas usava grandes argolas de ouro; no dedo indicador da mão direita, um anel de ouro com um rubi e, no mesmo dedo da mão esquerda, um anel de ouro com um topázio amarelo.

Sua magia

Para unir um casal com filhos que se separou a cigana Sarita costumava fazer o seguinte: em um pote de barro com tampa ela colocava água de rio e triturava a semente do timbó-mirim (ou anileira verdadeira), produzindo uma água azulada (também se pode utilizar anilina azul para confeitos). Nessa água ela colocava um papel com o pedido para juntar o casal, adicionava açúcar e um punhado da erva amor-agarradinho e, então, tampava o pote. Em seguida, acendia duas velas amarelas em cima da tampa e dizia:

"*Junte estas pessoas novamente, Santa Sara, pois eles têm (dizia o número de filhos) filhos que não pediram para vir ao mundo.*"

Ela repetia esse pedido por sete dias seguidos. Depois, enterrava o pote próximo de uma árvore frondosa e frutífera.

A fruta da sua preferência era a maçã vermelha, e a fase da Lua era a cheia.

ROSITA

Era morena-clara, de cabelos castanhos e olhos esverdeados, iguais aos do seu pai, o cigano Pablo. Seu cabelos eram soltos e desciam até a cintura; ela não usava lenço na cabeça.

Suas roupas

Rosita usava blusa branca com mangas bufantes e saia estampada com flores brancas, amarelas e rosa-escuro. Na cintura ela trazia uma faixa cor-de-rosa.

Seus adereços

Usava nas orelhas pequenas argolas de ouro; no pescoço, um cordão de ouro com um pingente de quartzo rosa; no dedo anelar da mão direita, um anel de ouro com um quartzo rosa engastado; e, no pulso da mão esquerda, uma pulseira com vários pingentes de ouro no feitio de moedas antigas, lua, sol, estrela e sino.

Essa cigana não dispensava suas castanholas. Todos do seu grupo ficavam admirados com o modo como ela dançava e tocava.

Sua magia

Hoje Rosita é um espírito de luz. Ao chegar à Terra, ela logo pede suas castanholas e começa a tocar e dançar ao som delas.

A fase da Lua de que ela mais gostava era a cheia.

IGOR

Era um cigano moreno, de cabelos e olhos pretos.

Suas roupas

Igor costumava usar blusão branco, com mangas compridas fechadas por abotoaduras de ouro em forma de botões. Por cima desse blusão ele vestia um colete de veludo azulão, rebordado com fios dourados e algumas pedras coloridas minúsculas. Sua calça, de veludo, era vermelha.

Na cintura, ele trazia um cinturão de couro cru com uma fivela grande, dourada, em forma de ferradura. Era nesse cinturão que ele colocava o seu punhal com cabo incrustado de lápis-lazúli.

Seus adereços

Igor trazia na cabeça um lenço azul-turquesa amarrado para o lado direito. Na orelha esquerda ele usava uma pequena argola de ouro; no pescoço, um cordão de ouro com uma medalhinha antiga. No pulso da mão esquerda ele trazia uma grossa corrente de ouro e, no dedo anelar dessa mesma mão, um anel de ouro com uma ferradura em alto-relevo e sete rubis minúsculos.

Sua magia

Durante sua vida terrena, Igor era muito carinhoso. Hoje, quando chega à Terra como espírito, tem sempre uma palavra amiga e carinhosa para quem precisa.

Igor herdou o copo de couro e os seis grandes dados do seu avô, o cigano Natan. Ele trabalha com uma pedra de quartzo rosa na mão esquerda e, com a direita, joga seus dados, como faziam seu avô Natan e seu pai Pablo.

A fase da Lua de que ele mais gostava era a nova.

Capítulo 9
A FAMÍLIA BRUSTEVISK

No dia 23 de junho de 1660, um grupo de ciganos, que estava acampado em um lugarejo perto da antiga Bucareste, preparava uma grande festa. As carroças estavam enfeitadas, as comidas e bebidas estavam prontas para o casamento da cigana Zaishara com o cigano Ziro. Ele estava com 27 anos e ela com 12 anos de idade.

Esse casamento estava combinado desde antes de eles nascerem. O velho cigano Brustevisk, pai de Ziro, deu a palavra ao futuro pai de Zaishara de que o filho se casaria com a primeira filha do amigo. Infelizmente, o casal teve nove filhos homens, antes que nascesse Zaishara, sua única filha mulher, garantindo que fosse cumprida a promessa dos amigos.

Depois do casamento, o casal foi morar com os parentes do noivo em um outro lugarejo onde estavam acampados. Depois de um ano viajando pelas estradas próximas de Bucareste, Zaishara deu à luz pela primeira vez. Nasceu um lindo menino. Desde então, de ano em ano nascia mais uma criança no grupo. Ela teve, ao todo, dez filhos, e assim aumentou muito a família Brustevisk. O primeiro chamou-se Punshal. Depois vieram Shimenia, Daquira, Shana, Lausane, Zamira, Kadidja, Sashaximirra, Nanshivile e Melani.

Para encerrar a história dessa família, não podíamos deixar de contar a passagem para o mundo espiritual dessa mãe, avó e bisavó tão nova, que foi a cigana Zaishara. Ela fez a passagem para o mundo espiritual no dia 23 de junho de 1701, morrendo como um passarinho, perto do marido, que era o amor da sua vida, de seus filhos, netos e do brilho de luz que era o seu bisneto.

Como sempre acontecia no mês de junho, estavam todos juntos em um acampamento na Europa: as famílias das filhas, a do filho, ela e seu esposo Ziro. De manhã lá estava ela, alegre, feliz, e à tarde partiu para o mundo espiritual.

Sua morte ocorreu assim: ela pediu aos filhos, aos netos e ao bisneto que ficassem perto dela, o que foi feito. Depois ela sentou-se no chão e começou a cantarolar uma cantiga que sua avó lhe ensinara, uma antiga música que falava da despedida de uma cigana do seu grupo. Eram 18 horas. Nesse momento, Zaishara deitou-se sobre a mãe-terra e desencarnou: seu coração parou e seu espírito deixou a matéria.

ZIRO

Era um cigano de meia-idade, de cabelos grisalhos e olhos azuis. Ziro sempre foi muito reservado, não gostava de muitas conversas.

Suas roupas

Ziro gostava de vestir um blusão branco com mangas compridas fechadas por abotoaduras de ouro em forma de ferradura. Por cima deste blusão ele usava um colete de veludo marrom rebordado com pedras brancas e amarelas.

Na cintura ele trazia uma faixa branca e sua calça era cor de caramelo, tendo de cada lado uma faixa vertical branca.

Seus adereços

Ziro usava na cabeça um chapéu branco com uma pena de faisão do lado direito. No pescoço ele trazia um grosso cordão de ouro, tendo pendurado um triângulo fino de ouro, no meio do qual havia uma estrela de seis pontas.

Ele gostava muito de usar jóias, principalmente uma pulseira no pulso da mão esquerda, que era formada por uma grossa corrente de ouro com uma chapa na qual estavam gravadas, em alto-relevo, as palavras "Liberdade, Fraternidade" e, embaixo delas, a letra Z bem minúscula.

Sua magia

Uma vez por mês ele coletava uma folha grande do mato, estendia no chão e colocava sobre ela, bem no meio, três damascos, rodeados por sete cravos vermelhos e por sete velas vermelhas; em seguida, dava sete voltas ao redor desta oferenda, dizendo:

"*Aqui está, Mãe Terra, um presente para a senhora. O meu pedido é para a cura de um doente* (dizia o nome do doente) *com o seu poder magnético de cura. Eu te imploro, Mãe, esta cura.*"

Depois, recolhia os damascos e levava para o doente comer, como se fosse um remédio.

Hoje, como espírito de luz, Ziro traz sempre esta mensagem para os seres humanos:

"Vim na Terra para ajudar quem precisa de caminhos abertos, é só pedir e deixar-me trabalhar. A sorte passa correndo, é preciso agarrá-la depressa. Se você for ganancioso, o ouro que a sorte lhe deu poderá transformar-se em pedra sem valor."

Ziro não gosta de conversas bobas, nem de que as pessoas fiquem com rodeios até chegar ao que querem lhe pedir. Às vezes é até grosseiro nas palavras, mas pode-se ter certeza de que ele é amigo para todas as horas.

A fase da Lua da sua preferência é a crescente, até às 11 horas. Sua fruta preferida é o damasco; a flor, o cravo vermelho; a pedra, o jaspe-sangüíneo.

ZAISHARA

Era morena, de cabelos e olhos pretos. Usava o cabelo preso em uma trança, que caía pelo lado esquerdo do pescoço e ia até a cintura.

Suas roupas

Ela usava blusa manchada em várias cores, com decote em V na frente e nas costas, e com mangas bufantes que iam até os cotovelos.

Sua saia era rodada, feita no mesmo tecido manchado da blusa, e com a barra recortada em bicos. Nas pontas desses bicos estavam penduradas pequenas pedras coloridas.

Seus adereços

Zaishara usava na cabeça um lenço branco com franjas azuis. Nas orelhas levava brincos grandes de ouro, com pequenas pedras coloridas penduradas e, no pescoço, uma gargantilha semelhante aos brincos.

No dedo indicador da mão esquerda ela usava um anel de ouro com uma ametista circundada por minúsculas pedras coloridas e, no pulso dessa mesma mão, um bracelete de ouro, no meio do qual havia, em alto-relevo, um desenho egípcio cercado por minúsculas pedras coloridas.

Um detalhe muito especial dessa cigana é que ela usava entre as sobrancelhas, no chacra frontal (ou terceiro olho), uma minúscula pedra de fluorita incrustada na pele.

Sua magia

Zaishara lia a sorte com cartas decoradas com símbolos antigos do seu clã. Quando ia colocar as cartas, ela retirava o lenço da cabeça e forrava com ele o chão ou almofada onde ia jogar.

Sua flor preferida era a orquídea e o seu aroma era de folhas, cascas ou pedaços do galho da caneleira. A fase da Lua de que ela mais gostava para fazer suas magias era a cheia.

PUNSHAL

Tinha pele clara, olhos esverdeados e cabelos ruivos.

Suas roupas

Punshal não usava blusão, apenas um colete de veludo vermelho rebordado com pedras leitosas e fechado até o peito. Sua calça era de veludo vermelho. Na cintura usava uma faixa com as sete cores do arco-íris, na qual colocava o seu punhal de ouro.

Seus adereços

Ele usava uma fita vermelha amarrada na testa. Na orelha esquerda trazia uma pequena argola de ouro com um minúsculo rubi pendurado. No pescoço levava um cordão de ouro grosso e comprido, que ia até o meio do peito, em que se destacava um medalhão com um desenho antigo do clã dos seus avós. No dedo indicador da mão direita ele usava um anel de ouro com um rubi e, no pulso dessa mesma mão, uma grossa corrente com um dado de ouro pendurado.

Sua magia

Seu jogo era feito com grandes moedas antigas.
A fase da Lua da sua preferência era a cheia.

SHIMENIA

Era morena-clara, de olhos e cabelos pretos, que usava presos em uma trança igual à da mãe. Shimenia viveu muitos anos na antiga Romênia, em um lugar que hoje se chama Braíla.

Suas roupas

Ela usava blusa larga, com uma pala bordada com pedras coloridas e fio dourado, e mangas largas que iam até os seus cotovelos. A saia era bordada como a blusa. Toda essa roupa era feita em pano vermelho liso.

Seus adereços

Nas orelhas usava grandes argolas de ouro e, no pescoço, um cordão de ouro com uma figa pendurada na altura do chacra solar. No dedo indicador da mão direita trazia um anel de ouro com uma grande safira rodeada por minúsculas turmalinas verdes.

Sua magia

Shimenia tinha um método especial para suas adivinhações. Ela usava 21 pedras em forma de triângulo, tendo desenhados, em um lado, símbolos próprios da sua época, mas que não eram runas. Era com essas pedras que ela falava o passado, o presente e o futuro das pessoas.

A fase da Lua da sua preferência era a crescente.

DAQUIRA

Era morena queimada do sol, de olhos e cabelos negros. Seus cabelos eram longos e ela os usava soltos até a cintura.

Suas roupas

Daquira usava blusa curta amarelo-clara, com mangas bufantes e com o decote rebordado com pedras coloridas. Sua saia tinha uma pala da qual ficavam penduradas várias fitas largas de cores variadas (menos na cor preta). Por isso era conhecida como a cigana das fitas coloridas.

Seus adereços

Ela trazia nas orelhas brincos de ouro com pedras coloridas penduradas; no pescoço, colares de pedras de várias cores; no pulso direito, uma corrente de ouro com um trevo de quatro folhas pendurado. No dedo indicador da mão esquerda ela usava um anel de ouro na forma de uma cobra, cujos olhos eram dois rubis minúsculos.

Um detalhe dessa cigana é que ela usava um rubi incrustado no umbigo.

Sua magia

Daquira gostava muito de dançar, principalmente as músicas orientais. Ela dizia:

"*A dança renova os sentidos.
A dança ajuda a purificação do espírito.
Baila*", baila..."

Ela dançava a dança do ventre sustentando um candelabro com velas acesas sobre a cabeça. Dizia que a dança dá muita energia ao corpo e ao espírito.

Sua flor preferida era a orquídea e a fase da Lua de que mais gostava era a cheia.

SHANA

Era morena, de olhos e cabelos pretos. Usava os cabelos soltos até abaixo da cintura.

Suas roupas

Shana usava blusa azul-celeste com decote redondo bem alto, encostado no pescoço, e mangas em forma de sino, que iam até os cotovelos. Sua saia rodada, também em forma de sino, era estampada, com predominância da cor azul-celeste.

Seus adereços

Usava na cabeça uma tiara de pedras coloridas; nas orelhas, grandes brincos de ouro com ametistas penduradas; no pescoço, um colar de grandes pedras coloridas; e, no dedo indicador da mão direita, um anel de ouro que tinha um sol em alto-relevo, no meio do qual estava incrustado um topázio amarelo.

Sua magia

Shana manuseava cartas com símbolos próprios do seu grupo.

Ela adorava a energia do Sol, e a fase da Lua de que mais gostava era a crescente.

LAUSANE

Era muito vaidosa; gostava de perfumes, batons – principalmente o vermelho-vivo –, pó-de-arroz e tudo que embelezava o seu brilho de mulher. Lausane tinha pele clara, olhos azuis e cabelos castanhos-claros.

Suas roupas

Gostava de usar blusa branca com mangas bufantes e, na cintura, um cinto com várias pedras coloridas penduradas. Sua saia era bem rodada, estampada com predominância de branco, azul e amarelo.

Seus adereços

Lausane usava na cabeça um lenço longo, que ia até a cintura, em cima do qual usava uma tiara de flores-da-campo em várias cores claras.

Nas orelhas, ela trazia brincos de ouro em forma de leque, adornados com minúsculas turquesas; no pescoço, um cordão de ouro com uma medalha antiga pendurada; no pulso da mão esquerda, várias correntes com pingentes de ouro em forma de moedas, estrela, sol, lua e sino, além de esmeraldas.

Sua magia

Suas cartas eram desenhadas com símbolos próprios da sua época.

A fase da Lua de que ela mais gostava para fazer as suas magias era a crescente.

ZAMIRA

Viveu muitos anos na Europa, principalmente em Toledo. Era queimada de sol, de cabelos e olhos pretos.

Suas roupas

Zamira usava blusa estampada em várias cores e saia muito rodada, feita com tecido no mesmo estampado da blusa. Na cintura ela trazia um cinto dourado tendo no meio a sua pedra preferida, o topázio amarelo.

Seus adereços

Zamira trazia na cabeça um lenço estampado, com predominância do branco e do amarelo.

Nas orelhas ela usava argolas de ouro; no pescoço, um cordão de ouro com uma figa de turmalina rosa pendurada; no pulso da mão direita, um bracelete com diversos tipos de desenhos e pedras coloridas; e, no tornozelo esquerdo, uma corrente de ouro com um sino minúsculo pendurado.

Sua magia

Sua magia se realizava por meio de banhos de purificação ou de atração. Um dos banhos de atração que ela costumava ensinar a seus clientes era feito com um pedaço de osso de baleia ralado (comprado em casas de pássaros ou de rações), misturado com casca de canela em pó e casca de maçã vermelha. Ela colocava tudo em um pote de porcelana, com um fio de mel, mostrava às fases da Lua e dizia assim: *"Lua, mande a sua energia para este banho, para que eu possa atrair o meu bem amado."* Depois, ela misturava com mais água pura, colhida em rio ou cachoeira, acrescentava pétalas de rosas vermelhas ou de flores-do-campo vermelhas. Ela mandava tomar esse banho da cabeça aos pés, em noite de Lua nova.

Zamira era também uma das dançarinas do seu grupo. É assim que essa cigana contagiava a todos no passado, continua contagiando no presente e continuará também no futuro.

Ela sempre dizia estas palavras:

"Gosto de bailar e, quando estou bailando, fico parecida com um pássaro.
Meu corpo, minhas pernas, meus braços parecem com as asas dos pássaros e é este conjunto que me dá a liberdade de viver.
Quando bailo, parece que estou voando no infinito azul de paz.
A música é o ar que me move, sem ela minha vida terrena e espiritual não tem sentido."

Zamira gostava de todas as fases da Lua.

KADIDJA

Era morena, de olhos e cabelos negros. Os cabelos eram longos e ela os usava soltos até abaixo dos quadris.

Suas roupas

Kadidja usava vestido longo, com as mangas e a saia em forma de sino. Na cintura usava um cinto com moedas e pedras coloridas penduradas.

Seus adereços

Ela usava na cabeça um diadema de flores claras e pedras coloridas; nas orelhas, brincos de ouro com pedras de rodocrosita penduradas; no pescoço, um cordão de ouro com um medalhão antigo do seu grupo.

No dedo indicador da mão esquerda trazia um anel de ouro, no meio do qual havia uma lua crescente em alto-relevo, tendo em cada ponta uma minúscula água-marinha.

Sua magia

Kadidja tinha um saquinho dourado, no qual colocava suas cartas desenhadas com símbolos antigos, uma pedra de fluorita púrpura, uma lua em metal dourado e oito moedas antigas.

A fase da Lua da sua preferência era a crescente.

SASHAXIMIRRA

Era morena-clara, de olhos e cabelos pretos.

Suas roupas

Sashaximirra usava túnica branca com decote redondo rebordado com pedras azuis, verdes e vermelhas, e mangas em forma de sino, que iam até os cotovelos. A saia também era em forma de sino.

Seus adereços

Ela usava na cabeça uma tiara de flores e pedras amarelas; no pescoço, um cordão de ouro com um pingente em forma de sol; e, nas orelhas, brincos de ouro com um topázio amarelo pendurado. Essa cigana não usava anéis nem pulseiras.

Sua magia

Utilizava uma flor grande de girassol, oito pedras de topázio amarelo-ouro e oito moedas de ouro. Ela colocava a flor dentro de um jarro de cristal incolor com água pura da chuva. Em volta desse jarro, ela dispunha as oito moedas; sobre estas, as pedras de topázio e, rodeando tudo, oito velas amarelas. Sashaximirra invocava os guardiões da natureza e o Pai Sol para fazer um pedido.

Sashaximirra foi uma guerreira. Hoje, como espírito, ela ajuda as pessoas, retirando todos os obstáculos do seu caminho para que tenham dias melhores neste mundo. Sempre ajudou, ajuda e irá ajudar a humanidade sofrida desta Terra.

A fase da Lua da sua preferência era a nova.

A ela dedico as seguintes palavras:

"Cigana Sashaximirra, espírito de luz e de amor, és a flor que desabrochou em um mundo distante.

Cigana Sashaximirra, és uma pedra preciosa feita de um raio de luz do Sol que dá quentura de vida para todos desta Terra.

Cigana Sashaximirra é cigana do passado, espírito do presente, palavra certa para o futuro."

NANSHIVILE

Tinha pele clara, cabelos louros e olhos verdes.

Suas roupas

Ela usava blusa branca brilhosa, com decote em V e mangas em forma de sino. Sua saia era estampada, predominando as cores amarela, rosa e verde sobre fundo vermelho.

Por cima da blusa usava um colete de veludo cor-de-rosa, rebordado com fios dourados e pedras brancas e verdes. Na cintura trazia um lenço branco amarrado para o lado esquerdo, com franjas longas e brilhosas.

Seus adereços

Nanshivile usava na cabeça uma tiara de flores brancas, amarelas e cor-de-rosa; nas orelhas, brincos de ouro com uma estrela de cinco pontas pendurada; no dedo anelar da mão direita, um anel de ouro com uma pérola grande.

No pescoço ela trazia um cordão de ouro com uma estrela de cinco pontas, que ficava pendente bem no meio dos seus seios.

Sua magia

Nanshivile não usava cartas nas suas adivinhações; ela só praticava a quiromancia (leitura das linhas das mãos) para falar do passado, presente e futuro das pessoas.

A fase da Lua da sua preferência era a nova, e o Sol é a maior energia desse espírito de pura luz.

Minhas palavras para agradecer a energia dessa cigana na minha vida são as seguintes:

"*Cigene de cabelos de raio de sol:*
Cigana, bela flor do amanhecer:
Isto tudo és tu, cigana Nanshivile.
És um manto de pérolas e és o raio de sol ao amanhecer.
És a amiga para todas as horas.
Sempre me dás a intuição certa na hora exata da minha vida."

MELANI

Tinha pele clara, olhos e cabelos pretos. Usava os cabelos soltos até abaixo dos ombros.

Essa cigana era muito elegante, tinha porte de rainha. Era muito educa da, refinada para falar, e meiga. Ela gostava de usar batom em cores claras e pó-de-arroz.

Suas roupas

Melani usava vestido longo, feito de tecido branco brilhoso, com decote em V rebordado com pedras brancas brilhosas e fios de prata. As mangas e a saia eram em forma de sino. Na cintura trazia um cinto rebordado igual ao decote do vestido.

Seus adereços

Ela usava na cabeça um diadema dourado com um diamante no meio. Nas orelhas trazia argolas de ouro e, no pescoço, um cordão de ouro com um pingente de prata, que tinha um diamante no meio.

Usava nos dedos da mão direita anéis de ouro e, nos da esquerda, anéis de prata e ouro branco, entre os quais se destacava um anel de ouro branco com um grande diamante.

Sua magia

Melani usava cartas com símbolos próprios e adorava flores brancas.

Hoje, quando chega à Terra, ela pede um perfume que se chama "Musk".

Sua bebida predileta é o licor de frutas chamado "Benedictine"; ela o toma em uma taça de cristal.

A fase da Lua da sua preferência era a cheia.

Capítulo 10
A FAMÍLIA DE GONÇALO E FLORÊNCIA

Várias famílias ciganas estavam acampadas perto de um riacho de águas cristalinas, cercados por uma relva com muitas flores coloridas; parecia que Deus havia pintado um cenário de cores deslumbrantes. Um aroma suave dava paz a esse local.

Foi nesse lindo cenário criado por Deus que, no dia 20 de junho de 1711, casaram-se o cigano Gonçalo e a cigana Florência.

Depois de um ano de viagens por uma região muito verde e florida, Florência deu à luz uma linda menina, que veio a se chamar Germana. Depois dela, Florência teve mais dois filhos: Geovana e Fernandinando.

Assim foi formada mais uma família cigana na Terra que, com o passar dos tempos, foi transferindo os seus espíritos para o plano astral.

GONÇALO

Era moreno e tinha olhos e cabelos pretos.

Suas roupas

Gonçalo usava blusão branco, com mangas compridas fechadas por abotoaduras de ouro, e calças de veludo azul-marinho. Por cima do blusão ele vestia um colete de veludo vermelho, fechado com três botões da mesma cor. Na cintura trazia uma faixa verde, na qual prendia seu punhal com cabo de chifre de búfalo.

Seus adereços

Gonçalo usava na cabeça um lenço vermelho amarrado para o lado esquerdo. Na orelha esquerda ele trazia uma pequena argola de ouro e, no pescoço, um cordão de ouro com uma medalha antiga do seu clã. No dedo anelar da mão direita ele trazia um anel de ouro com um rubi cercado por vários brilhantes minúsculos.

Sua magia

Gonçalo gostava de fazer magia com cartas de baralho, para amarrar um casal. Ele pegava as cartas valete e dama de ouros, colocando-as uma de frente para a outra e amarrando-as com uma fita vermelha e uma amarela. Em seguida, tirava a tampa de um melão grande, com uma faca *(choori)* virgem, e dentro dele colocava as duas cartas amarradas, acrescentando um punhado de açúcar cristal. Então, tampava o melão com o pedaço retirado e, em cima dele, espetava um espelho quadrado em pé. Depois, levava essa magia para dentro de um bosque e a entregava à força da natureza para fazer essa união.

A fase da Lua de que ele mais gostava era a crescente.

FLORÊNCIA

Tinha pele clara, olhos castanhos e cabelos negros compridos, que iam até os quadris.

Suas roupas

Florência usava blusa estampada, com um babado comprido arrematado por um viés amarelo-ouro. A saia era vermelha, com babados também arrematados com viés amarelo-ouro. Na cintura ela usava um lenço estampado, predominando o amarelo-ouro, com franjas longas.

Seus adereços

Florência usava lenço vermelho com franjas longas na cabeça. No pescoço ela trazia um cordão de ouro grosso e comprido, que ia até abaixo dos seus seios, com um medalhão decorado com um símbolo antigo do seu povo. Nas orelhas ela usava grandes argolas de ouro; nos pulsos das duas mãos, várias argolas finas de ouro; e, no dedo indicador da mão esquerda, um anel de ouro com uma pérola e um brilhante.

Sua magia

Essa cigana era muito religiosa. Rezava muito, principalmente no terço de pérolas que sua avó Nona lhe dera de presente quando fez sete anos de idade.

Florência nunca colocou cartas; tudo que ela fazia para ajudar as pessoas era com o seu terço de pérolas.

Ela não tinha uma fase preferida da Lua.

GERMANA

Era morena-clara, de olhos castanhos e cabelos negros e longos, que iam até a cintura.

Suas roupas

Germana usava blusa azul-turquesa com mangas montadas em babados arrematados com viés dourado. A saia era azul-turquesa, com babados iguais aos da blusa.
Na cintura ela trazia uma faixa dourada com uma turquesa bem na direção do umbigo.

Seus adereços

Germana usava na cabeça um lenço estampado, predominando o azul-turquesa, por cima do qual punha uma tiara de flores brancas.
Nas orelhas ela usava grandes argolas de ouro e, no pescoço, um cordão de ouro com uma figa que ficava bem no meio dos seus seios. Nos dedos usava vários anéis de ouro com diversas pedras coloridas e, nos pulsos, várias correntes de ouro com pingentes de pequenas pedras coloridas.

Sua magia

Germana era conhecida como a cigana curandeira: ela era profunda conhecedora dos mistérios das ervas.
Dizia que todas as fases da Lua têm o seu significado de cura e a força do Sol dá a energia de cura a quem precisa.

GEOVANA

Era morena-clara, de olhos e cabelos negros. Usava uma trança até a cintura, caindo bem no meio das costas.

Suas roupas

Geovana usava um vestido estampado, predominando o azul-turquesa, com mangas largas e saia godê bem rodada (godê guarda-chuva). Na cintura ela trazia um cinto dourado rebordado com minúsculas pedras coloridas.

Seus adereços

Nas orelhas, Geovana trazia brincos de ouro com minúsculas pedras coloridas penduradas. No pescoço usava uma gargantilha de ouro com minúsculas pedras iguais às dos brincos, que sua avó lhe dera de presente antes de falecer.

No dedo indicador da mão esquerda ela trazia um anel de ouro tendo no meio várias pedras coloridas minúsculas; e na cabeça usava um lenço estampado, predominando o azul-turquesa.

Sua magia

Geovana era uma dançarina do seu grupo. Quando estava dançando, ela trazia nas mãos um grande leque com várias fitas coloridas penduradas. Essa cigana dava um lindo espetáculo de cores na sua dança.

As fases da Lua da sua preferência eram a crescente e a cheia.

FERNANDINANDO

Era moreno, de olhos castanhos e cabelos negros. Ele usava os cabelos crescidos até os ombros e tinha costeletas, bigode e uma barbicha ralinha.

Suas roupas

Fernandinando usava um blusão azul-turquesa, com mangas compridas presas por abotoaduras de ouro em forma de ferraduras minúsculas. Na cintura trazia uma faixa dourada, e sua calça era azul-turquesa.

Por cima do blusão ele vestia um colete de veludo branco, rebordado com minúsculas turquesas e fios dourados.

Seus adereços

Na cabeça ele trazia um lenço azul-turquesa, amarrado para o lado esquerdo. Usava na orelha esquerda uma pequena argola de ouro; no pescoço, um cordão de ouro com uma estrela de seis pontas, que ficava pendurada bem no meio do seu peito; e, no dedo direito da mão esquerda, um anel de ouro com uma grande turquesa.

Sua magia

Fernandinando era dançarino e parceiro da sua irmã, a cigana Geovana: eram eles que alegravam as festas do seu grupo.

Como preferia dançar, Fernandinando nunca se aprofundou em jogos, na vidência do fogo, nem no jogo das patacas (moedas antigas).

Ele gostava muito da Lua cheia: dizia que a claridade da Lua, com a da fogueira, davam calor para as suas danças.

Capítulo 11
A FAMÍLIA DE ASSUERO E CARMINDA

Quando completou 19 anos, o cigano Assuero casou-se com a cigana Carminda, que estava com 12 anos de idade. Esse casamento, feito de acordo com o ritual antigo dos ciganos, realizou-se no dia 8 de maio de 1683, em um lugarejo perto de Sevilha.

Carminda deu à luz quatro filhos. O primeiro foi chamado Hermano. Na segunda gestação nasceram-gêmeos, que se chamaram Garrido e Genésio. A mais nova foi Rosalita.

O cigano Assuero tinha um método especial para educar seus filhos. Logo que eles começavam a entender as coisas, ele lhes falava o seguinte:

"– Vamos tentar compreender uns aos outros, pois nós estamos aqui na Terra. E uma passagem. Devemos aproveitar todos os momentos para vivermos em paz e alegres. Isso é para valorizar a nossa passagem nesta Terra.

"*Respeite para ser respeitado.*
"*Dê amor para receber amor.*
"*Dê carinho para receber carinho.*
"*Dê um sorriso para receber um sorriso.*
"*Agradeça sempre para receber agradecimentos.*
"*Dê as mãos amigas aos seus pais, irmãos e familiares, para receber a bênção do infinito.*
"*Ao escutar um elogio, não fique orgulhoso. Fique, sim, gratificado pelo seu trabalho.*"

Era desse modo que o cigano Assuero conduzia o seu grupo de ciganos e os seus filhos, que cresceram, casaram e lhe deram netos. Anos depois, sua filha Rosalita desencarnou e foi para o outro lado da vida após dar à luz as gêmeas Zoraide e Zuma.

ASSUERO

Tinha pele clara, olhos e cabelos pretos.

Suas roupas

Ele usava um blusão azul-claro com mangas compridas fechadas por abotoaduras de ouro. Sua calça era de veludo azul-turquesa.

Por cima do blusão vestia um colete de veludo vermelho, abotoado na frente com três botões na mesma cor do blusão. Na cintura trazia uma faixa de veludo, na qual prendia o seu punhal dourado.

Ele não dispensava um par de botas de cano longo, onde enfiava as extremidades das pernas da calça.

Seus adereços

Assuero usava na cabeça um chapéu branco enfeitado com uma pena de pavão. Na orelha esquerda ele trazia uma pequena argola de ouro e, no pescoço, um cordão de ouro com uma medalha antiga, decorada com o símbolo de seu clã.

Sua magia

Assuero fazia magias desenhando uma estrela de seis pontas na cor azul em um pedaço quadrado de madeira. Em cada ponta dessa estrela ele colocava uma moeda e, no meio dela, cravava seu punhal. Dizia que essa magia trazia sorte para ele e para seu grupo. A fase da Lua da sua preferência era a cheia.

CARMINDA

Essa cigana era muito bonita. Tinha pele clara, olhos cor de mel e cabelos castanhos, cacheados e compridos, que iam até os quadris.

Suas roupas

Carminda usava uma blusa curta azul-céu, fechada na frente por um cadarço, e com mangas bufantes. A saia era bem rodada e montada em gomos, com a barra recortada em bicos.

Na cintura ela usava um cinto de veludo rosa, rebordado em flores feitas com minúsculas pedras de quartzo azul.

Seus adereços

Todas as jóias que Carminda usava eram enfeitadas com pedras de turmalina rosa: os brincos de ouro que trazia nas orelhas, os colares que usava no pescoço, a pulseira de ouro que levava no pulso da mão esquerda e o anel de ouro que usava no dedo anelar da mão direita.

Em dias de festa, ela punha na cabeça uma tiara de flores cor-de-rosa enfeitada atrás com fitas finas azuis penduradas que lhe caíam sobre os ombros.

Sua magia

Sua magia era o banho de flores-da-campo para a purificação do corpo e da mente. Depois desse banho, ela colhia várias flores-da-campo e que colocava em forma de leque sob uma árvore frondosa e, sobre esse leque de flores, punha quatro cachos de uva verde. Em volta da árvore acendia oito velas brancas e fazia os pedidos dela e de outras pessoas.

Como o marido Assuero, Carminda também tinha algumas palavras para dar aos filhos em certos momentos. E hoje ela diz o mesmo quando vem à Terra:

"Meus filhos, nunca se precipitem em alcançar o que está à distância. Procurem o que está ao seu alcance."

A fase da Lua da sua preferência era a nova.

HERMANO

Tinha pele clara, olhos castanhos e cabelos castanhos-claros.

Suas roupas

Hermano usava blusão branco com mangas compridas presas por abotoaduras de prata em forma de botões. Sua calça era azul-marinho.

Por cima do blusão ele vestia um colete de veludo azul-marinho, rebordado no decote e na bainha com pedras brancas leitosas e fios de prata, e fechado com três botões brancos leitosos.

Seus adereços

Ele usava na cabeça um chapéu azul-marinho.

Trazia na orelha direita uma minúscula argola de ouro; no pescoço, um cordão de ouro com uma pequena figa; e, no pulso direito, uma grossa corrente de ouro com uma chapa, na qual estava gravada, em alto-relevo, em ouro branco, a letra H dentro de um círculo de minúsculos brilhantes.

Sua magia

Hermano trazia sempre uma pequena chave em seu bolso. Ele ensinou a seus descendentes como preparar essa chave, de uma forma mágica, para que ela os protegesse e abrisse os seus caminhos. Para isso, ele recomendou que lavassem a chave nas águas do mar e dissessem: *"Chave que abre, abra meus caminhos. Chave que fecha, feche todas as coisas ruins do meu caminho".* Para assegurar a abertura dos caminhos, Hermano aconselhou repetir esse ritual em todos os meses ímpares do ano. Em seguida, a chave pode ser colocada no bolso ou na carteira.

A fase da Lua da sua preferência era a crescente.

GARRIDO

Garrido era bem alto e magro; tinha porte de rei e era muito justo com as pessoas. Ele tinha pele clara, olhos castanhos e cabelos pretos; usava costeletas e barbicha.

Suas roupas

Ele costumava usar blusão branco de mangas curtas, tendo por cima um colete de veludo verde-folha rebordado com pedras brancas leitosas. Na cintura trazia uma faixa vermelha, na qual prendia a sua garrucha.

Sua calça era de veludo verde-escuro e ele usava botas marrons de cano longo, semelhantes às do pai.

Seus adereços

Garrido estava sempre com um lenço verde-folha na cabeça. Ele usava na orelha direita uma argola de ouro e, no pescoço, um cordão de ouro com uma estrela de seis pontas, que ficava pendurada bem no meio do seu peito.

Sua magia

Nas noites de Lua cheia, Garrido colocava uma moeda corrente na mão direita e uma moeda antiga na esquerda e, enquanto mostrava-as à Lua, dizia:

"Lua, a tua claridade vem do Pai Sol. Peço que me mandes a tua energia de prosperidade para estas moedas."

Ao se deitar, colocava ambas as moedas sob o travesseiro e dormia. No dia seguinte, ele as colocava em seu bolso. As moedas também podem ser colocadas na carteira ou no estabelecimento comercial de quem o desejar.

Garrido gostava de todas as fases da Lua.

GENÉSIO

Tinha pele clara, olhos castanhos e cabelos pretos. Ele era parecido fisicamente com o irmão gêmeo, tinha o mesmo porte e até usava costeletas e barbicha iguais às dele, mas era muito diferente na personalidade.

Era um homem feito, mas parecia um molecote: estava sempre com um sorriso nos lábios, gostava de brincar com as crianças do seu grupo, estava sempre aprontando uma travessura. Isso não quer dizer, entretanto, que ele não tinha responsabilidade, mas apenas que era alegre e brincalhão.

Suas roupas

Genésio usava blusão branco com mangas curtas e um colete de veludo vermelho por cima. Sua calça era de veludo verde-escuro e na cintura ele trazia uma faixa de veludo dourado, na qual prendia o seu punhal de prata.

Seus adereços

Ele usava na cabeça um lenço vermelho e não gostava de usar anéis nem pulseiras. Na orelha direita ele trazia uma pequena argola de ouro e, no pescoço, um grosso cordão de ouro branco com uma medalha de ouro amarelo que tinha desenhado, em ouro branco, o símbolo do clã dos seus antepassados.

Sua magia

Genésio nunca se interessou pelas vidências normais de um cigano. O seu gosto era para a música: ele tocava muito bem o seu violino e era quem organizava as festas no seu grupo. Genésio se dedicava totalmente às melodias antigas dos seus antepassados.

Ele gostava de todas as fases da Lua, mas sua maior admiração era pela energia do Sol.

ROSALITA

Era fisicamente muito parecida com sua mãe, a cigana Carminda. Possuía pele clara, cabelos castanhos e olhos cor de mel.

Suas roupas

Rosalita usava blusa vermelha com babados arrematados na barra por um viés branco. Sua saia era vermelha e muito rodada. Na cintura ela trazia um lenço branco estampado com flores vermelhas e folhas verde-claras.

Seus adereços

Rosalita usava nas orelhas finas argolas de ouro e, no pescoço, vários colares de pedras coloridas.

Sua magia

Essa cigana não largava as cartas desenhadas com símbolos antigos que sua avó paterna lhe deixara de herança.

A fase da Lua de que ela mais gostava era a cheia.

Capítulo 12
A FAMÍLIA DO CIGANO WLADIMIR

Tudo que sabemos sobre os antepassados do cigano Wladimir é que, quando ele tinha três meses de vida, seus pais morreram. Sabemos que isso ocorreu em uma tragédia, mas não sabemos como ela se deu; isso é um mistério guardado a sete chaves.

Sabemos que a família era numerosa, mas só escaparam da tragédia a cigana Wlanira e seus irmãos gêmeos, Wladimir e Wlanasha. Foi Wlanira quem criou as crianças, dando-lhes o carinho e o amor de irmã e de mãe. Ela se juntou a um outro grupo de nômades e formou com eles uma só família cigana no mundo.

O tempo passou e os gêmeos cresceram. Ao completar 13 anos, Wlanasha casou-se com o cigano Turmanof e, nos anos seguintes, teve três filhos: Ludimilha, Úrsula e Revek Turmanof.

Seis anos depois do casamento da irmã, quando já contava 19 anos de idade, Wladimir veio a se casar com a cigana Singuala, seguindo as antigas tradições e o ritual cigano. Após um ano de casamento, nasceu sua filha Raiza Singuala e, três anos depois, o menino Wladivisk. Assim formou-se a família do cigano Wladimir.

Raiza Singuala não chegou a se casar, pois fez a passagem com 13 anos. Wladivisk também não formou família, pois desencarnou cedo, com 18 anos. Por coincidência, ele passou para o mundo espiritual no mesmo dia em que a irmã havia falecido anos antes.

Os filhos de Wlanasha construíram novas famílias. Ludimilha casou-se com o cigano Baruque e teve um filho que se chamou Landufo.

Úrsula casou-se com o cigano Nabel e deu à luz onze filhos. O primeiro foi Helânio. Depois vieram, pela ordem de nascimento, a menina Indra; o menino Latâncio; as meninas Urânia, Ruda e as gêmeas Nadja e Inajá; os meninos Narciso e Pompilho; a menina Romana e o menino Laio.

Revek Turmanof casou-se com a cigana Iudi, que deu à luz cinco filhos, na seguinte ordem: as meninas Roshana e Zarda, o menino Zuriel e as meninas Hosana e Islena.

WLANIRA

Tinha pele clara, cabelos castanhos-claros e olhos esverdeados.

Suas roupas

Wlanira usava blusa branca rebordada com pedras coloridas e saia de babados coloridos, feitos de panos lisos e estampados intercalados. Na cintura usava um lenço vermelho de franjas longas, amarrado no lado esquerdo.

Seus adereços

Ela trazia na cabeça um lenço azul-turquesa. Nas orelhas usava brincos de ouro com moedas penduradas; no pescoço, um cordão de ouro com uma figa; e, no pulso esquerdo, uma pulseira de ouro com moedas semelhantes às dos brincos.

Sua magia

Wlanira estava sempre com um saquinho de veludo, no qual trazia o seu baralho com símbolos próprios dos seus antepassados.

A fase da Lua da sua preferência era a cheia. Como Wlanira gostava muito de chocolates, sempre que colocamos uma oferenda para ela precisamos pôr esses doces.

WLADIMIR

Era moreno-claro, de olhos e cabelos pretos.

Suas roupas

Wladimir usava roupas diferentes, conforme a fase da Lua. O detalhe constante nessas roupas é que a calça era sempre da mesma cor do colete de veludo que ele vestia por cima da blusa. Na Lua cheia ele usava blusão vermelho com colete e calça azul-turquesa; na Lua crescente, blusão branco, colete e calça brancos rebordados com fios de prata; na Lua nova, blusão azul-turquesa, colete e calça vermelhos rebordados com pedras coloridas; e, na Lua minguante, blusão branco de mangas compridas, colete e calça marrons e uma faixa branca na cintura.

Em todas as fases da Lua ele usava na cintura uma faixa branca, na qual trazia o seu punhal de prata.

Seus adereços

O lenço que Wladimir usava na cabeça era de cores diferentes, conforme a fase da Lua. Era azul na Lua cheia, branco no quarto crescente e vermelho na Lua nova.

Na orelha esquerda ele trazia uma argola de ouro e, no pescoço, um cordão de ouro com um medalhão antigo do seu clã.

Sua magia

O cigano Wladimir aprendeu a tocar violino com seis anos de idade. Hoje, quando chega à Terra como espírito, pede logo o seu violino e começa a tocar antigas músicas eslavas.

Um detalhe importante: quem tem esse cigano na aura não precisa saber tocar violino, pois, ao chegar, ele traz a essência da música. Esse é o mistério de Wladimir.

SINGUALA

Era morena, de olhos e cabelos pretos. Seus cabelos eram longos, indo até abaixo dos quadris.

Suas roupas

Singuala usava blusa branca com mangas bufantes, vestindo por cima um colete de veludo vermelho rebordado em desenhos feitos com várias pedras coloridas. Sua saia era de pano pesado, estampado, com predominância do vermelho.

Seus adereços

Na cabeça Singuala trazia um lenço vermelho; nas orelhas, grandes argolas de ouro; no pescoço, vários colares de pedras coloridas; nos pulsos, várias argolas de ouro e, nos dedos, vários anéis de ouro de diversos modelos.

Sua magia

Essa cigana manuseava suas cartas, herdadas do seu clã, desde os seis anos de idade.
A fase da Lua da sua preferência era a nova.

RAIZA SINGUALA

Era morena clara, de cabelos castanhos-claros e olhos esverdeados.

Suas roupas

Raiza costumava usar vestido longo, cor-de-rosa, com saia bem rodada e mangas bufantes. Na cintura ela trazia uma faixa azulão.

Seus adereços

Ela usava cabelos soltos até a cintura e trazia uma flor do lado direito da cabeça, e não usava lenço na cabeça. Nas orelhas trazia argolas de ouro; no pescoço, um cordão de ouro com uma medalha antiga pendurada e, no dedo anelar da mão direita, um anel de ouro com um rubi.

Sua magia

Raiza gostava muito de flores: sempre era vista com um ramalhete de flores-da-campo nas mãos. Era dessas flores que ela fazia perfumes para as pessoas do seu grupo.
Ela gostava de todas as fases da Lua, mas sua preferência era pela energia do Sol.

WLADIVISK

Tinha pele clara, olhos e cabelos pretos. Sua tia Wlanira dizia que ele tinha um gênio muito parecido com o de seus antepassados.

Wladivisk era um guerreiro; muitos da época de hoje diriam que era um valentão. Ele não aturava desaforos de ninguém, estava sempre competindo e brigando, mas fazia tudo isso para defender os ciganos do seu grupo.

Suas roupas

Wladivisk usava blusão branco de mangas compridas, tendo por cima um colete de veludo vermelho. Na cintura ele trazia uma faixa branca, na qual colocava sua garrucha. Usava uma calça na cor azul-marinho.

Seus adereços

Wladivisk usava na cabeça um lenço vermelho amarrado para o lado esquerdo. Na orelha esquerda ele trazia uma argola de ouro; no pescoço, um cordão de ouro com uma pedra de lápis-lazúli pendurada; e, no pulso esquerdo, uma grossa corrente de ouro com uma estrela minúscula pendurada.

Sua magia

Wladivisk possuía uma magia semelhante à do cigano Hermano, na qual utilizava uma pequena chave e uma pedra de quartzo branco límpido ou de citrino. Para energizá-las, ele lavava a chave na mão direita e a pedra na esquerda, em água do mar, enquanto dizia: *"Chave que abre, abra meus caminhos. Chave que fecha, feche todas as coisas ruins do meu caminho".* Todo mês ímpar ele repetia esse encantamento e guardava novamente ambas no bolso. Segundo Wladivisk, a pedra representa o equilíbrio entre a magia e o pensamento, enquanto a chave simboliza a abertura de caminhos e a proteção contra más influências.

Essa magia pode ser colocada tanto no bolso quanto na bolsa junto com objetos pessoais.

Wladivisk não tinha preferência por nenhuma fase da Lua. Ele gostava muito da noite; dizia que ela era a hora propícia para as decisões.

WLANASHA

Tinha pele clara, olhos pretos e cabelos louros.

Suas roupas

Wlanasha usava blusa amarelo-clara, com mangas bufantes e decote em V na frente e nas costas. A saia era estampada em vários tons de amarelo. Na cintura ela trazia um lenço dourado, amarrado no lado esquerdo.

Seus adereços

Wlanasha amarrava na cabeça um lenço dourado igual ao que usava na cintura.

Nas orelhas ela trazia brincos de ouro em forma de leque. No pescoço usava um cordão de ouro com uma estrela de cinco pontas, no meio da qual estava pendurado um topázio amarelo.

Sua magia

Wlanasha manuseava suas cartas desde os seis anos de idade.

A fase da Lua de sua preferência era a crescente.

TURMANOF

Tinha pele clara, olhos esverdeados e cabelos ruivos. Era muito carinhoso com sua mulher, seus filhos e todos do seu grupo. Ele era chefe do grupo, pois o *kaku* já estava muito velho. Por isso, era Turmanof quem tomava a frente dos comboios nas estradas. Ele era brincalhão, mas na hora dos assuntos sérios era respeitadíssimo por todos os membros do grupo.

Suas roupas

Turmanof usava blusão de mangas compridas, tendo por cima um casacão de veludo, longo e sem mangas. Na cintura ele usava um cinto largo de couro, no qual prendia a sua garrucha e o seu punhal. Sua calça era marrom e ele usava botas de cano longo.

Seus adereços

Turmanof não usava argola na orelha; ele só trazia no pescoço um cordão de ouro do qual pendia um medalhão com um símbolo antigo da família.

Na cabeça ele usava um chapéu marrom enfeitado com uma pena de pavão.

Sua magia

Ele usava cânfora para fazer uma fumaça em volta da pessoa que estava perturbada espiritualmente. Em seguida, levava essa pessoa para a beira de um rio e passava, simbolicamente, um ovo nos pés, um nas costas, um no peito, um nas mãos e, para finalizar, quebrava um ovo bem no meio da cabeça da pessoa. Então, dava-lhe um banho feito com folhas de louro, cravo-da-índia e canela da cabeça aos pés. Com esse procedimento, ele curava as pessoas do seu acampamento.

A fase da Lua da sua preferência era a cheia. Ele dizia que era sob o clarão dessa lua que as noites no acampamento cigano ficavam mais alegres e felizes.

LUDIMILHA

Tinha pele clara, olhos esverdeados e cabelos louros iguais aos da sua mãe, a cigana Wlanasha. Ludimilha era linda, tinha um rosto de boneca de porcelana. Ela gostava muito de dançar, mas não teve sua fase de dançarina no grupo, pois quando o seu filho Landulfo nasceu, ela teve um problema no parto e ficou puxando de uma das pernas.

Suas roupas

Ludimilha usava um vestido longo na cor azulão, com saia godê bem rodada e mangas em forma de sino que iam até os cotovelos. Na cintura ela trazia um cinto de veludo vermelho.

Seus adereços

Ela cobria a cabeça com um lenço vermelho de franjas longas. Nas orelhas usava argolas de ouro e, nos dedos, vários anéis de ouro e prata, em diversos modelos.

Sua magia

Ludimilha tinha como magia uma poção conhecida como "néctar do amor", utilizada para "esquentar" um relacionamento amoroso. A poção pode ser preparada da seguinte maneira: em uma vasilha, coloque dois copos de vinho seco (branco ou tinto), uma colher de sopa de noz-mosca da ralada, três folhas verdes de canela e uma pitada de gengibre ralado. Deixe a mistura em infusão por três dias. Quanto tiver necessidade, tome um cálice à noite, antes de deitar.

A fase da Lua da sua preferência era a cheia.

BARUQUE

Era moreno, de olhos e cabelos pretos, e usava bigode, costeletas e barbicha.

Esse cigano era um conselheiro, mas tinha uma personalidade muito forte, não gostava de traições e era vingativo. Contam os antigos que ele não perdoava quem atrapalhasse o caminho do seu grupo: ele ficava possesso e é por isso que o chamavam de "Baruque, o ruim".

Suas roupas

Baruque usava blusão branco com mangas compridas, tendo por cima um casacão azulão sem mangas. Sua calça era de veludo azulão e na cintura ele trazia um cinto largo de couro, no qual prendia a sua garrucha.

Seus adereços

Baruque usava na orelha direita uma minúscula argola de ouro e não dispensava o chapéu azulão enfeitado com uma pena branca.

Sua magia

Para não faltar alimento no seu lar, o cigano Baruque ensinou essa magia: em um prato de vidro transparente, coloque um pão árabe. Por cima deste, coloque quatro damascos e quatro tâmaras, intercalados. Em volta desse conjunto, coloque folhas verdes de canela e polvilhe tudo com noz-moscada ralada.

Baruque não tinha preferência por nenhuma fase da Lua; ele dizia que a sua preferência é pela lealdade, seja na noite ou seja no dia.

LANDULFO

Esse cigano era muito parecido fisicamente com seu pai, o cigano Baruque; mas não usava bigode nem barbicha, só costeletas.

Embora se parecesse com o pai, o seu gênio era diferente: Landulfo era calmo como a mãe, a cigana Ludimilha. Muitas vezes ele acalmou o pai; tinha muito "jogo de cintura" para resolver certos problemas do grupo e assim ajudou muito o pai, que tinha gênio agressivo.

Suas roupas

Landulfo usava blusão azulão de mangas compridas, por cima do qual vestia um casacão azulão que ia até os joelhos. Na cintura trazia uma faixa vermelha, na qual colocava o seu punhal. Usava calça azul-marinho.

Seus adereços

Na cabeça Landulfo trazia um lenço vermelho e, na orelha direita, uma minúscula argola de ouro.

No pescoço usava um cordão grosso e comprido de ouro, no qual estava pendurado um medalhão adornado com um símbolo antigo do seu clã.

Sua magia

Ele costumava pegar uma vela branca grossa e parti-la em três pedaços sem separá-los por completo, com uma faca (choon), e, aos pés de uma árvore cujas folhas estavam caindo, acendia essa vela enquanto pedia para que toda negatividade fosse retirada do seu caminho.

De volta ao acampamento, ele passava no corpo uma mistura de óleo de copaíba com canela em pó e deixava por uns minutos. Depois, ia banhar-se em um rio próximo ao acampamento. Ele dizia que, quando saía do rio, estava livre dessa negatividade.

A fase da Lua da sua preferência era a cheia.

ÚRSULA

Tinha pele clara, olhos pretos e cabelos pretos. Ela usava duas tranças, que iam até a cintura.

Suas roupas

Úrsula costumava vestir blusa verde-folha com mangas bufantes, tendo por cima um colete de veludo verde-claro fechado até a altura dos seios por um cadarço verde-folha.

Sua saia era estampada, com predominância do verde-claro.

Seus adereços

Úrsula usava, nas orelhas, grandes argolas de ouro; no pescoço, vários colares de pedras coloridas e, nos dedos das duas mãos, vários anéis de ouro em diversos modelos. Ela cobria a cabeça com um lenço estampado no mesmo estilo da saia.

Sua magia

Desde pequena Úrsula aprendeu os mistérios das ervas; ela manuseava as folhas, fazendo remédios para o seu grupo. Por isso era conhecida como curandeira.

Ela não tinha preferência por nenhuma fase da Lua, mas gostava muito da energia do Sol.

NABEL

Nabel era moreno, de olhos azuis e cabelos pretos, e tinha a postura de um rei. Ele nasceu em Pedala, no dia 13 de julho de 1773, e partiu para o outro lado da vida no dia 13 de julho de 1813.

Nabel sempre contava a seguinte história: "*–Foi em um dia de muita ventania/junto aos violinos, que nasci. Por isso o som dos ventos fortes teve muito significado para mim.*"

Esse cigano tinha uma admiração profunda pela música, principalmente por uma melodia ao som do violino. A esse respeito, ele conta o seguinte:

"*Foi aos 15 anos que ganhei o meu primeiro e único violino, e dele não me separei mais. Foi a minha avó que me deu esse violino, junto com três cravos brancos, e ela me falou: Estes cravos serão o seu símbolo na vida e na morte'.*
Ainda hoje, como espírito, eu tenho de ter o som desse instrumento para me purificar cada vez mais."

Nabel sempre tocava uma música diferente, mas o seu conteúdo era um poema que sempre falava de amor e de um tempo distante.

Suas roupas

Nabel usava blusão branco, por cima do qual vestia um colete de veludo azul-turquesa. Ele trazia na cintura uma faixa vermelha e sua calça era marrom.

Seus adereços

Nabel trazia sempre na cabeça um chapéu panamá branco.

Sua magia

Ele fazia magia para qualquer finalidade, utilizando um melão grande, no qual espetava cravos brancos e, em volta dos cravos, vários incensos de sândalo. Colocava-o, então, em uma cesta de vime sem alça e levava para baixo de uma árvore frondosa. Acendia doze velas brancas em volta da oferenda e da árvore, e fazia o pedido dele e dos outros.

Nabel transmitia a paz, principalmente com sua música. Hoje ele deixa a seguinte mensagem:

"Para vencer na vida, você tem de tentar, nunca deixe os obstáculos vencerem os seus ideais.

Sou o cigano Nabel. Hoje sou um espírito purificado, venho à Terra para abrir as portas da paz. Sou um encanto, posso transmitir minha energia em uma árvore ou em um cravo branco, e até em uma nascente de águas cristalinas.

Sou um cravo que nasceu espiritualmente para dar o meu aroma aos necessitados desta Terra.

Sou o cigano Nabel, venho com a Lua e vou com Sol.

Venho no aroma de cravos e volto para plano astral deixando este aroma purificando as pessoas e o ambiente.

Sou o cigano da pedra azul que dá energia de paz. Sou o cigano Nabel, de um tempo muito distante. Hoje sou um espírito, ao som de uma melodia que é o mesmo que o ar para vocês sobreviverem. Todos os espíritos ciganos purificados precisam de música para chegar à Terra. É na junção de melodias e poesia que os espíritos chegam nesta Terra."

Capítulo 13
MAIS ALGUNS ESPÍRITOS CIGANOS

ARTÊMIO

Era moreno, de olhos pretos e cabelos castanho-escuros. Artêmio foi casado com uma cigana chamada Florian; o casal teve uma filha chamada Ariana.

Suas roupas

Artêmio usava blusão verde-claro com mangas compridas e, por cima desse blusão, vestia um colete de veludo verde-folha rebordado com várias pedras de tons claros.

Na cintura ele trazia uma faixa de veludo vermelho, na qual colocava o seu punhal de cabo de chifre de búfalo. Sua calça era de veludo verde-folha.

Seus adereços

Artêmio não dispensava um chapéu branco enfeitado com uma pena azul. Na orelha esquerda ele usava uma argola de ouro pequena; no pescoço ele trazia um cordão de ouro com uma esmeralda pendurada.

Sua magia

Esse cigano sempre usava grandes dados nos seus trabalhos de vidência.

A fase da Lua da sua preferência era a crescente.

ARIANA

A filha de Artêmio e Florian era morena, de olhos castanho-claros e cabelos pretos.

Suas roupas

Ariana usava uma blusa rosa-pálido com mangas bufantes e, na cintura, um cinto de moedas antigas. Sua saia era feita de lenços com as pontas pendentes, em vários tons de rosa.

Seus adereços

Essa cigana não usava lenço na cabeça, só uma tiara de flores em vários tons de rosa.

Nas orelhas ela trazia brincos de ouro com pingentes de turmalina rosa; no pulso esquerdo, uma pulseira de ouro com pedras de quartzo rosa e moedas penduradas; e, no tornozelo esquerdo, uma corrente de ouro com um trevo de quatro folhas pendurado.

Sua magia

Ariana tinha um saquinho de veludo rosa-escuro, no qual colocava suas cartas desenhadas com símbolos próprios do seu grupo.

A fase da Lua de que ela mais gostava era a crescente e o seu dia preferido era 8 de maio.

CARMELITA

Carmelita foi uma das mulheres do cigano Moab Shinain e mãe do cigano Ferrar. Era morena, de olhos pretos e cabelos castanho-escuros.

Suas roupas

Ela usava blusa amarela com um babado em bicos e, na cintura, um lenço de franjas longas amarrado para o lado esquerdo. Sua saia era estampada, predominando o amarelo, e tinha a barra recortada em bicos largos.

Seus adereços

Na cabeça ela usava um lenço amarelo-ouro, tendo por cima uma tiara de flores coloridas, predominando o amarelo-ouro. Nas orelhas trazia grandes argolas de ouro; no pescoço, vários colares de pedras coloridas; no pulso da mão esquerda, uma corrente de ouro com várias moedas penduradas; e, nos dedos, vários anéis de ouro em diversos modelos.

Sua magia

Essa cigana tinha cartas próprias e é com elas que faz suas previsões.

IASMIM

Tinha pele clara, cabelos e olhos pretos.

Suas roupas

Iasmim usava vestido longo na cor azul-celeste, com mangas bufantes que iam até os cotovelos.

Seus adereços

Ela trazia na cabeça, em dias de festa, um diadema de pérolas. Nas orelhas usava brincos de ouro, com águas-marinhas e pérolas penduradas; e, no pescoço, um colar de águas-marinhas e pérolas.

Sua magia

Essa cigana fez a passagem muito jovem, mas já tinha suas cartas com os símbolos do seu clã.

A fase da Lua da sua preferência era a cheia.

Suas oferendas devem ser colocadas sempre em frente ao mar e, se for possível, sempre no dia 2 de fevereiro: foi nesse dia que ela foi para o mundo espiritual, no mar, próximo à Ilha de Chipre. Nunca devem ser colocadas velas coloridas para essa cigana, pois ela só aceita velas azuis.

SARRACENA

Era morena queimada de sol, de olhos e cabelos pretos. Ela usava os cabelos soltos, e eles iam até a cintura.

Suas roupas

Sarracena usava uma blusa feita de retalhos coloridos, mas lisos, sem estampados; as mangas eram em forma de sino e a saia era igual à blusa. Na cintura ela trazia um cinto de trança, feito com largas fitas coloridas.

Seus adereços

Em dias de festa, Sarracena colocava na cabeça uma touca vermelha. Essa touca era rebordada com pedras coloridas, e tinha algumas fitas finas penduradas atrás.

Sua magia

Essa cigana tinha um defeito nas mãos, principalmente na mão direita. Era por isso que trazia sempre a seu lado uma cabra que apanhava as cartas com a boca e as levava até ela, para que decifrasse o que elas diziam para os clientes.

A fase da Lua da sua preferência era a crescente.

TERCEIRA PARTE
ESPÍRITOS CIGANOS QUE REGEM NOSSA VIDA

Capítulo 14
ÁREAS DE AÇÃO DOS ESPÍRITOS CIGANOS

Assim como os anjos, os espíritos ciganos têm suas áreas próprias de ação, como os médicos, que têm, cada um, a sua especialidade. Assim é o mundo espiritual cigano. Existem diversas áreas em que eles atuam e vários espíritos agem dentro de cada especialidade.

Quem trabalha com os espíritos ciganos precisa conhecer esse fato para poder cuidar de uma pessoa usando a magia desses espíritos.

ESPECIALIDADES DOS ESPÍRITOS CIGANOS

Existem muitos grupos de espíritos ciganos. Cada um deles tem suas características e produz um tipo de efeito sobre a vida e a personalidade das pessoas. Veremos agora quais são esses grupos; mais adiante aprenderemos como descobrir qual desses grupos influencia uma determinada pessoa, para que sua magia possa ser usada com mais força.

Ciganos do Ritual

Número: 1
Quem são: são os espíritos dos velhos *kakus*, os sábios líderes das tribos ciganas.

Como são as pessoas que recebem sua influência: são pessoas de pensamento antiquado, orgulhosas, que gostam de mandar e liderar.

Ciganos da Família

Número: 2

Quem são: são os espíritos ciganos que trabalham para ajudar a família e aqueles que desejam formar uma nova família.

Como são as pessoas que recebem sua influência: a família é fundamental na sua vida, fazem de tudo para agradar sua família.

Ciganos da Força

Número: 3

Quem são: são os espíritos ciganos que trabalham dando forças ao ser humano para ultrapassar todas as barreiras da vida.

Como são as pessoas que recebem sua influência: são pessoas guerreiras, que alcançam tudo que querem, pois são persistentes nos seus desejos.

Ciganos da União

Número: 4

Quem são: são os espíritos ciganos que trabalham para unir os seres humanos. Eles trabalham junto com outros espíritos, complementando a ação de cada um deles de modo a promover a união em sua área específica. Por exemplo, junto com os ciganos do amor, promovem a união dos casais.

Como são as pessoas que recebem sua influência: gostam de ver as pessoas unidas, principalmente as famílias. Mas infelizmente a própria pessoa não tem muita sorte para se unir a alguém.

Ciganos do Amor

Número: 5
Quem são: são os espíritos ciganos que trabalham para o amor em geral.
Como são as pessoas que recebem sua influência: são pessoas meigas e carinhosas, mas sempre sentem que está faltando algo na vida, principalmente o amor correspondido.

Ciganos da Prosperidade

Número: 6
Quem são: são os espíritos ciganos que trabalham para fazer algo prosperar.
Como são as pessoas que recebem sua influência: são pessoas com caminhos abertos para a prosperidade. Só precisam tornar-se menos ingênuas para realizar seus sonhos.

Ciganos da Saúde

Número: 7
Quem são: são os espíritos ciganos curandeiros.
Como são as pessoas que recebem sua influência: são pessoas que precisam dar atenção especial à sua saúde, principalmente ao estômago e aos intestinos, que são os pontos fracos do corpo das pessoas ligadas a essa energia.

Ciganos da Ambição

Número: 8
Quem são: são os espíritos ciganos que ajudam na concretização de um ideal e retiram a ambição excessiva do ser humano.
Como são as pessoas que recebem sua influência: são modestas e conformadas com o que têm. Essas pessoas precisam ter mais ambição, mas com cautela, para que o excesso não lhes suba à cabeça.

Ciganos da Meditação

Número: 9
Quem são: são os espíritos ciganos que não incorporam, mas dão à mente do ser humano as intuições boa e ruim.
Como são as pessoas que recebem sua influência: não costumam prestar atenção às suas intuições. Precisam dar mais valor a elas e meditar mais positivamente, pois é daí que se abrirão as portas da felicidade.

Ciganos da Solidão

Número: 10
Quem são: são os espíritos ciganos que trabalham para retirar a solidão do ser humano. Atuando junto com os ciganos da união, colocam um companheiro ou companheira na vida da pessoa.
Como são as pessoas que recebem sua influência: a solidão está sempre ao seu lado; precisam "dar a volta por cima" e superar essa parte negativa de seu destino.

Ciganos da Humildade

Número: 11
Quem são: são os espíritos ciganos que ensinam o ser humano a ser mais humilde e retiram sua vaidade.

Como são as pessoas que recebem sua influência: são humildes e não mudam esse modo de ser mesmo subindo na vida. A simplicidade faz parte do modo de evolução do seu espírito.

Ciganos da Defesa

Número: 12
Quem são: são os espíritos ciganos que defendem o ser humano dos males.

Como são as pessoas que recebem sua influência: estão sempre prontas para defender alguém; são justas e não gostam de covardias.

Ciganos da Viagem

Número: 13
Quem são: são os espíritos ciganos que trabalham para quem viaja; eles são os verdadeiros protetores dos viajantes.

Como são as pessoas que recebem sua influência: hoje aqui, amanhã ali, não têm paradeiro certo. Só depois dos 30 anos é que conseguem se fixar em um lugar, mas isso dependerá muito de terem pensamento positivo.

Ciganos da Atração

Número: 14

Quem são: são os espíritos ciganos que trabalham junto com outros espíritos para ajudar o ser humano a ter poder de atração, no amor ou no trabalho.

Como são as pessoas que recebem sua influência: em todos os lugares em que chegam, atraem coisas que podem ser boas ou ruins, dependendo de que freqüentem um círculo positivo ou negativo.

Ciganos da Conquista

Número: 15

Quem são: são os espíritos ciganos que ajudam o ser humano a conquistar algo na sua vida. Trabalham com outros espíritos, ajudando a obter coisas diferentes. Junto com os ciganos do amor, por exemplo, fazem o círculo da conquista amorosa.

Como são as pessoas que recebem sua influência: vivem sempre querendo conquistar algo, mas nunca chegam ao seu ideal. Precisam ter um pensamento positivo para conquistar o que desejam.

Ciganos dos Sonhos

Número: 16

Quem são: são os espíritos ciganos que aparecem nos sonhos. Às vezes eles não são nem da aura nem do caminho daquela pessoa: são mensageiros que trazem algo, como um aviso.

Como são as pessoas que recebem sua influência: precisam colocar os pés no chão, encarar a realidade da vida. Somente com pensamento positivo é que um dia seus sonhos se tornarão realidade.

Ciganos da Reconciliação

Número: 17

Quem são: são os espíritos ciganos que, junto aos ciganos da união e do amor, fazem dois seres se reconciliarem.

Como são as pessoas que recebem sua influência: precisam relevar as coisas; devem lembrar-se de que às vezes temos de abaixar um pouco a cabeça para chegar à reconciliação que queremos.

Ciganos do Reconhecimento

Número: 18

Quem são: são os espíritos ciganos que ajudam os seres humanos a receberem reconhecimento por algo na sua vida.

Como são as pessoas que recebem sua influência: realizam muitas coisas, mas demoram a ter seu talento reconhecido. Precisam ter pensamento positivo para que esse reconhecimento chegue.

Ciganas da Fecundação

Número: 19

Quem são: são os espíritos das ciganas que ajudam as mulheres a engravidar e a não abortar.

Como são as pessoas que recebem sua influência: consigam ou não ser mães ou pais, devem agradecer a Deus por seu destino, pois Ele sabe o que faz. Não devem criar filhos adotivos, pois isso não dará certo.

Ciganos da Procura

Número: 20

Quem são: são os espíritos ciganos que ajudam a procurar algo, que pode ser um objeto perdido ou até a felicidade para os seres humanos.

Como são as pessoas que recebem sua influência: passam a vida procurando a perfeição, sem saber que ela não existe. Devem colocar os pés no chão e ir em busca de seus sonhos e ideais com realismo.

Ciganos da Prudência

Número: 21

Quem são: são os espíritos ciganos que ajudam os seres humanos a terem prudência em qualquer situação, seja no amor, no trabalho e até no seu dia-a-dia.

Como são as pessoas que recebem sua influência: são pessoas muito desconfiadas, mas isso não é bom; ter prudência é normal, mas ela nunca deve ser exagerada.

Ciganos da Esperança

Número: 22

Quem são: são os espíritos ciganos que influenciam a mente do ser humano para que ele não perca as esperanças de alcançar aquilo que almeja.

Como são as pessoas que recebem sua influência: por mais difíceis que sejam os problemas que surjam, não devem desanimar, devem continuar lutando para alcançar seus objetivos, pois seus protetores sempre colocam uma luz no caminho para que consigam realizar seus sonhos.

Ciganos da Bondade

Número: 23

Quem são: são os espíritos ciganos que trabalham para colocar bondade dentro do coração do ser humano.

Como são as pessoas que recebem sua influência: a bondade é a maior dádiva que receberam de Deus. Devem procurar nunca mudar esse comportamento, pois é dos atos de amor que surgem as forças para que alcancem seus objetivos.

Ciganos das Transformações

Número: 24

Quem são: são os espíritos ciganos que trabalham para transformar algo. Junto com outros ciganos, fazem trabalhos para o amor, a união e até para negócios diversos e atividades comerciais.

Como são as pessoas que recebem sua influência: sempre haverá transformações na sua vida, mas dependerá dos seus pensamentos a possibilidade de alcançar seus sonhos e ideais. Se pensarem positivo, terão vitórias e sucessos no seu caminho.

Ciganos da Amizade

Número: 25

Quem são: são os espíritos ciganos que ajudam a fortalecer uma amizade ou a criar uma nova amizade sólida com alguém.

Como são as pessoas que recebem sua influência: os amigos estão sempre em primeiro lugar na sua vida; essa dedicação excessiva aos outros pode ser prejudicial. É muito bonito ter amigos, mas tudo tem sua hora e seu lugar. Essas pessoas devem procurar viver mais a própria vida.

Ciganos da Alegria

Número: 26

Quem são: são os espíritos ciganos festeiros e músicos, que dão alegria ao ser humano.

Como são as pessoas que recebem sua influência: são pessoas que só se realizam no meio de muita gente e muita alegria. Gostam de músicas e festas. Seu problema é que, quando são magoadas, não conseguem deixar transparecer seu aborrecimento para quem as prejudicou.

Ciganos da Sorte

Número: 27

Quem são: são os espíritos ciganos que trabalham para dar sorte ao ser humano.

Como são as pessoas que recebem sua influência: sempre haverá sorte no seu caminho. Quando todos pensam que a luz da sua sorte se apagou, ela de repente surge mais forte. A negatividade do seu pensamento é que às vezes atrapalha um pouco as suas realizações.

Ciganos da Educação

Número: 28

Quem são: são os espíritos ciganos que trabalham para educar as crianças e às vezes os adultos, não no campo da educação escolar, mas no das boas maneiras.

Como são as pessoas que recebem sua influência: a sensibilidade está estampada no seu rosto. Não gostam de gritos e sempre procuram ambientes refinados. Também gostam de ensinar coisas boas aos outros.

Ciganos da Aventura

Número: 29

Quem são: são os espíritos ciganos que afastam os seres humanos de aventuras perigosas. Trabalham com outros espíritos. Junto com os ciganos do amor, por exemplo, transformam uma aventura em um amor duradouro.

Como são as pessoas que recebem sua influência: gostam do perigo, sempre vivendo aventuras diferentes. Quando alcançam seus objetivos, perdem o interesse e logo procuram novas aventuras. Devem ter cuidado, pois, quando o amor realmente chegar no seu coração, irão sofrer muito.

Ciganos da Sabedoria

Número: 30

Quem são: são os espíritos ciganos que trabalham para dar conselhos ou ensinam a ultrapassar as barreiras da vida. Geralmente são espíritos de velhos *kakus*.

Como são as pessoas que recebem sua influência: são sábias, têm uma inteligência aguçada, mas não sabem aproveitar esses recursos para se realizar na sua vida. Devem procurar usar sua inteligência de um modo mais prático no seu mundo.

Ciganos da Saudade

Número: 31

Quem são: são os espíritos ciganos que trabalham para retirar a saudade profunda do coração do ser humano.

Como são as pessoas que recebem sua influência: guardam saudades do passado, não vivem o presente e esquecem que têm todo um futuro à sua frente. Para ter sucesso, devem perceber que não são um baú para guardar o que passou nas suas vidas: devem esquecer o passado e olhar para a frente.

Existem outros ciganos complementares que são:

Ciganos do Nascimento

São os espíritos ciganos que ficam ao lado do ser humano ao nascer.

Ciganos da Vitória

São os espíritos ciganos que ajudam os outros ciganos a concretizar vitórias.

Ciganos da Realização

São os espíritos ciganos que se juntam com outros ciganos para realizar algo relacionado a amor, trabalho etc.

Ciganos da Comunicação

São os espíritos ciganos que ajudam as pessoas que trabalham nos meios de comunicação a se comunicarem bem e a terem sucesso na carreira profissional.

Ciganos da Riqueza

São os espíritos ciganos abençoados por Deus, que trabalham para colocar o dinheiro nas mãos do ser humano para garantir sua sobrevivência na Terra.

Ciganos dos Caminhos

São os espíritos ciganos que abrem os caminhos dos seres humanos e os ajudam a superar todos os obstáculos na vida.

Ciganos do Destino

São os espíritos ciganos que trabalham para abrir a mente dos seres humanos para a intuição instantânea e a previsão do perigo.

Ciganos da Natureza

São todos os espíritos ciganos que, no passado, viveram na Terra e hoje são espíritos.

Capítulo 15
COMO DESCOBRIR OS CIGANOS QUE REGEM SUA VIDA

Vamos conhecer agora algo muito importante, que podemos usar para nós mesmos ou para outras pessoas. É um conhecimento antigo que me foi passado, há muitos anos, pelo meu velho *kaku*; com ele podemos orientar, aconselhar e até tirar as pessoas de algumas situações embaraçosas.

Trata-se da forma de descobrir qual dos grupos de espíritos ciganos rege ou governa a vida de uma pessoa. Para saber isso, precisamos somente da data do seu nascimento, com a qual iremos fazer uma conta simples, de modo a obter três números: o do dia do seu nascimento, que é o principal; e o do mês e o da soma dos algarismos do ano, que são secundários.

Tomemos como exemplo uma pessoa que nasceu no dia 28/08/1978.

O dia do seu nascimento é 28.

O mês é 8.

O ano é 1978; agora vamos somar seus algarismos: 1 + 9 + 7 + 8 = 25.

Temos agora três números, cujo valor pode chegar no máximo a 31, que é o número total de grupos de espíritos ciganos que descrevemos anteriormente.

O número principal é o 28; os outros são os complementos do círculo da vida.

Isso não é um jogo, mas sim a descrição do modo como os espíritos ciganos influenciam a personalidade do ser humano.

Todos nós nascemos com um destino traçado, mas depende de nós transformar tudo o que existe de ruim em bom; e esse é o nosso dever. É só ter pensamentos positivos. Já que sabemos que temos essas más tendências, vamos combatê-las para que possamos ser mais felizes neste mundo.

QUARTA PARTE
EPÍLOGO

OS CIGANOS DO TERCEIRO MILÊNIO

Os ciganos do novo milênio moram em casas de alvenaria. Com o passar dos anos, eles evoluíram. Suas viagens são feitas de avião e eles se hospedam em hotéis, em vez de montarem acampamentos fora das cidades.

Os mais jovens começaram a se interessar pelos estudos, e muitos já estão se formando em cursos superiores. Hoje, além de escritores, advogados e médicos, há ciganos atuando até nos meios de comunicação.

Muitas ciganas já fazem as leituras das mãos e manuseiam as cartas em suas casas; não vão mais para as ruas para cumprir o ritual cigano passado de geração a geração, porque elas estão vivendo em um novo tempo e tiveram de se adaptar à evolução dos costumes.

Entretanto, apesar de todas as mudanças, os ciganos do novo milênio nunca deixaram de escutar os seus mais velhos, jamais esqueceram as suas tradições doutrinas e culturas.

Uma vez por ano, lá vão eles em vários carros pelas estradas. Em cima desses carros levam vários objetos e as tendas tradicionais dos acampamentos ciganos.

Eles vão à procura de um lugar em que possam ficar em contato direto com a natureza e afastados das cidades movimentadas. Ao chegarem ao seu destino, os homens vão logo armando as tendas e arrumando o acampamento, enquanto as mulheres tratam da alimentação.

É claro que os velhos ciganos têm mais experiência em armar as tendas e a fogueira; por isso eles são mais ligeiros. Isso não quer dizer que os jovens ciganos não sabem armar as tendas e a fogueira, apenas o fazem mais devagar.

À noite é acesa a fogueira. Os velhos e os novos ciganos começam a tocar seus instrumentos. Começa no acampamento a festa realizada segundo a antiga tradição cigana.

Eles ficam acampados vários dias, aproveitando as férias dos jovens ciganos e ciganas; depois voltam para suas residências, viajando pelas estradas em seus carros cheios de bagagens, e recomeçam a sua vida normal.

Feliz daquele que mantém suas origens, mesmo com o passar dos anos.